# 蝦夷天狗考

# 蝦夷天狗研究

佐々木船山

# 蝦夷天狗考

天狗徒研究會發行

# 自序

予は性極陋にて未だ曾て考古學の何者たるかをさへ解せざるものなり。然るに往年端なく北海道に遊びて。彼土の名物「アイヌ」を一見し彼等の風俗習慣乃至言語傳說等に就て研究せし處が。先輩某より曾て話に聞し。「タンクタ」人種乃天狗と甚だしく類似せるに因て。爾來之が研究に從事すること玆に年あり。其間種々の方面より研究せしに。尤も意外に感ずるは彼等の彫刻や刺繡の模樣なりとす。予熟々考ふるに彼等は言語文章を以て宇宙の眞理を說明することを得ずと雖ども。彼等の模樣には文章以外の眞理を含めるなり。今試みに二三の模樣を經文と對照して一考するに頗る能く符合す。

然るに惜む可し今日に生存する老人にて古事に精通せるものは僅々一兩人に過ぎず。誰に從てか之を聞くことを得むや。玆に於てか將に湮滅に歸せんとする太古の遺物を研究して以て佛教以前の風俗習慣の萬分の一をも闡明することを得ば幸なり。本書の如きは其一端を臚列せしに過ぎず。乞ふ著者の微意を諒せられむことを。

著者識

# 蝦夷天狗考目次

# 蝦夷天狗考

佐々木船山著

## 第一章　アイヌを天狗徒と見たる動機

古來此世界には徒に評判が高くて、實際其姿を認め又は聲を聞しことさへなき、正體の分らぬ怪しなものが夥しくある。彼の羅生門の鬼、龍宮の浦島太郎などは云ふも更なり。一枚の欵冬葉の下に五六人も雜居する「コロボックル」なんと云ふ短小なる怪物も居る。

又佛家にて說所の閻魔や赤鬼青鬼、或は劍山、血の池など云ふものは。元より勸善懲惡の方便に作り拵へたものと云ふことは、誰にも分り切て居る。

今玆に說所は是迄世間にて絕對になきものと云ひ、假し見たものがあれは夫は必ず妖怪の類であつて眞面目なものではないと云ふ天狗が實際に生存せることを主張するものである。從來此天狗に就ては學者の間に色々な議論があつて、天狗などの怪しからぬ者は此社會になきもので。古來の傳說や歷史に現はれてゐるものは、子供をすかすための假裝人類であると。

處が此社會が日進月步の勢で發達し座ながらにして世界諸邦の風俗、人情、經濟、商工業より、山川、氣候、物產に至るまで。自から實地を跋涉して見聞するやうに知ることができる御蔭で。是まで容易に人間の往しことなき、西藏や蒙古の蠻地を深く探檢して。古來未た曾て歷史にも見えぬ所の怪しな人類を研究せし所が。之まて世間にて妖怪變化と疑ひ、居るとか居ないとかの騷がしき天狗が。實際に生存せることを發見した、然れば此天狗實在を說くものは、如何に珍奇なる證據を擧て居るかと云ふに。

凡そ古來天狗と稱するものは、「タクタ」或は「タコタ」又は「タンクート」など稱する修驗者の一派にて。其今日に現存せるものゝ風俗一斑を云へば。頭髮を頭の眞中にて一直線に左右に分け、之を頸の邊で切て垂し居り。體格は偉大なもので、言語に濁音がなく。工藝彫刻に巧妙にして、殊に射藝に秀て、魔術を知り早業をやり、甚だ敬神の念が深く。一草一木總てのものを神として之を祭り。五穀耕作をなさず、專ら魚貝鳥獸の類を常食にして居る、一種異樣なる人類であると。ところが茲に不思議なるは、我が北海道「アイヌ」の風俗習慣が、前述の「タンクト」人種に酷似し居るのみでなく。「アイヌ」の生涯又は傳說が、佛敎に說所の天人墮落の順序と一致せる處多きにより、茲に其概略を述ふ。

凡そ「アイヌ」を研究するには兩樣の觀察法がある。一つは野蠻未開の半獸的人類として研究するのと。又我徒の說所の如に人類の原始なる、半神的人類として之を研究するとであるが。野蠻人と見て研究せば、見るもの聞ことが皆一々野蠻的である。予すら北海道へ渡り始て「アイヌ」を見た時に。彼等の身體に垢染破れたる不潔なる衣類を着し、足は素跣で草履も穿かずに步き、家は建しまゝ一度も掃除せしことがなく宛も豚小屋の如て。嚴寒肌を裂く夜でも蒲團も用ひず、板敷の上に轉て寢ると云ふ生活を見て。如何にも未開野蠻なる劣等人種と思ふた。

然るに段々と彼等が生活の樣子を實見し。或は彫刻や刺繡の模樣を研究したり。又は世界開闢の神話を聽き、風俗習慣言語などを調べて一考せしに。曾て西藏蒙古の蠻地を探檢して、彼土の風俗、言語を研究せし奇人の話に聞きし所の、天狗人種と云ふものと頗る酷似せる所多きに因り。天狗徒と假定して研究せしに、見るもの聞くことが、總て娑婆を離れた仙人とか佛の如に思はるゝ。

今其一例を述んに、彼等は自己を稱して「タンコタンアイヌ」と云へり。此「タンコタン」が即曩の「タクタ」又は「タンクート」と同稱であつて。北海全島何の所の「アイヌ」も「タンコタン」と稱するを以て、之を推すに、此「タンコタン」は「アイヌ」全體の惣稱にて、一部落の狹意でないことが知れる。

故に「スメレンクル」「オロッコ」等の稱は「タンコタン」人種の一部落の稱と云ふことゝか分る。

彼等は自から我徒は「テンコト」であると自白するのでも。彼等は發音上「テ」を「タ」と發音するにより。假令へは筆をは「フタ」と云ふ如くに「テンコ」を「タンコ」と發音するのであらう。此「テンコ」に漢字の天狗と云ふ字をアテハメたものが、今日の妖怪の本尊となりしものである。けれども滿更漢字をアテハメたものとも云へぬ、それは英國にても矢張「エルフ」と稱し、天狗の意味であるゆゑ附會の説とも云へぬ。

# 第二章　天狗と「アイヌ」類似の點

## 附アイヌの魔術

茲に順序を逐て「アイヌ」が「タンクート」と人種と類似の點を簡短に說かん。前段にて述べた如うに「アイヌ」も「タンクート」族のやうに、頭髮を頭の眞中にて一直線に左右に分け頸の邊にて剪りて之を垂し居り、言語に濁音なく學校を「カクコ」。大工を「タイク」。道具を「トウク」、と云ふ如くに金も銀も同稱であつて總ての言語に濁がない。或る博士は濁音のあるのは人類墮落の證據であると云はれしが、「アイヌ」に濁音のなきは頗る奇妙である。それから彼等は男女共に刺繡が巧妙にて、內地女子か「アイヌ」の男にさへ及はぬくらゐで。又工藝彫刻に絕妙なことは遍ねく人の知る所である。

其他種々の魔法を行ふことは噓言のやうな事實であるが、今茲に最近の出來ことにて尤も面白き話を述ふ。頃は明治三十五年のことなりき、日高國は靜內郡下々方村に「ラカン」と云ふ鼻の隆き肥大な「アイヌ」が居て、常々人間業を飛離たことを演つては村人を騒がして居た所が。此「ラカン」頗る酒好きにて、自分の財產も殘らす賣盡して酒のみ飮て居て。果ては酒を買ふことが難かしくなり、酒店のものを斷りなして飮み代金も仕拂はす。終には盜て飮むといふので、巡査も捨て置けず、捕えて手錠をかけ暗い所へ押込め置た所が。何時の間にか牢を脱出て。山中に逃入り相變らす夜中村へ出てゝ、人の寢靜まるを窺ひては、巧みに酒店へ忍ひ入り酒を盜み山中へ持行ては、之を飮み獨して樂んで居た處が。程なく此事が發覺して、村中一同大に怒り數十人にて「ラカン」の隱家へ押寄せ捕えやうとせしが。

中々村人の手にては捕ゆることができぬに因て、今度は巡査と共謀にて。巡査數名騎馬にて鐵砲を提け、村人は手に手に槍、刀劍又は鐵砲など携へて、總勢數十人して追駈たが「ラカン」は些とも驚く氣色なく東西に逃け回り居たりしに。此村に有名なる靜内川と云ふ日高國第一の巨川があるが、今や數十人にて「ラカン」を此靜内川岸まで追詰め、四方より包圍して打殺し呉れんとワアッ〳〵と押寄た處が。「ラカン」は些とも騒がず、今や靜内川の水際まで責め詰められ、あはれ槍劍の下に粉碎されんとする一刹那。驚くべしひらりと身を躍らし、電光一閃百間餘の大川を飛ひ越え、向岸に立て大手を廣けワーッと笑つて居ると云ふ有様で、ドウも人間業では搦めることか出來ぬに因て、其儘打棄てゝをいた所が。其後樺太へ渡りて專ら善行を爲し、惡事を止めて居た所が。明治四十三年中に彼れはどうして來たものか、窃かに故郷へ歸た所が。子供は何事も知らざれば、父が歸て來たと云ひしため。忽ち村中へ知れた所が、又何時の中にか再ひ樺太へ還へつたが、其往復の道は何れを通行せしか知るものなく。今に疑問となつて居る、村人の評判では空中を飛行せしものであらうと專ら推測して居る。

此他魔法て有名なるは北見國網走の「ヨンシ」と云ふ土人、及び同國紋別の「アイヌ」某の話てあるが。右は何れも内地人が娯樂のために、曲藝でも見るやうに多數の人が一所に集りて實見せしことゝで。決して搾らへ話ではない、是等の魔法談は別に詳述す。

此他に予の不思議に思ふことが一つある。「アイヌ」の婦人は草履も穿かずに、暗夜咫尺も分からぬ頃松火や提燈を持たずに、三四里の山道を往來するが。此山道と云ふも纔かに牛や馬の通ふほどの細き道で其間には數多の溪川があるにもかまはず平氣で往來するにより。其譯を質たら同じ「アイヌ」でも暗夜に物を見分るものと見えぬものとあつて、眼の見ゆるものが先導となり眼の弱きものは後に從ひ往來するのであると云ふが。予の見たときは、獸のやうに奔り飛んで往しゆゑ驚いた。

夫から彼等「アイヌ」は至て少食にて兎の足一本で一週日は充分に支へると云ふ調法のもので。今日學校へ通ふ子供が毎日辨當を持參せぬゆゑ、校長が度々持參するやうに勸めても、曾て一度も持參せぬによつて。「アイヌ」は貧乏にて三度の食事を二度に減して居るのだと考へて居た所が。私が天狗は極めて少食で太古は一日にタッタ一ッの田螺で濟して居たものが、今日では朝夕二次の食事を召上るのは中々の馳走であると云ふたら、先生大きに感服して居られた。

斯樣に朝夕二次の食事でさへ禪家の粥にも劣れるもので、朝は味噌汁一椀、夕には粥を一椀つゝ喰ふのみで、決して一時に二椀とは喰はぬ。然も其汁を吸ひ、粥を啜るや、行儀正しく膳に向ひ、「アマヽトミカモヰ」と唱へて著をとる、是等の些事を見ても、修驗者の一派と云ふことが知れる。斯如に少食で、而も身躰が偉大になるのは天性てあらう。

# 第三章　「アイヌ」の「セッタ」祖先説

附アイヌの太陽祖先説が西洋「チエペラ」神と一致
△釋迦以前の印度仙人の戒行が「アイヌ」の日常習慣と符合の點。

前述の説は予が見聞せる處の一例であるか、此他佛書、聖書の古典に現はれし神話が、如何に能く「アイヌ」の生涯に酷似せるかを陳べん。

「アイヌ」は彼等の祖先を「セッタ」と云ひ、又彼等中にて尤も優等なる酋長を「シヤクムイン」と稱し、天地創造神をば「コタンカラカムヰ」と呼べり。此「コタンカラ」は佛書にて謂所の光帝或は光音天と同音同稱であるが、此光音天は即ち天狗の別稱であることは、愚者の予も又已に之を知る。又「セッタ」は刹帝利にて、光音天の一段下降せるものが即ち此刹帝利であつて、刹帝利の墮落せしものが即ち人間である、と云ふのが此佛典の説てある。

之に因て思ふに「アイヌ」の「セッタ」祖先説が佛典と一致するものならんか。又「シヤクムイン」は眞正の梵語にて、釋迦牟尼は漢字を配當せしもので、「ムニ」は訛で「ムイン」が眞正の梵語のよしも、或る高僧より之を聞けり。

慧林音義に曰く。

釋迦刹帝利姓。此云能也。提婆天也。因達羅帝也。即釋中天帝也。

因て惟ふに、刹帝利種の中に瞿曇あり、讀て「クトン」と云へとも、正音は「コタン」である。

慧林音義に曰く。

瞿曇氏。具云瞿答摩。言瞿者此云地也。答摩最勝也。謂除天以外在地人種。此族最勝。故云地最勝也。云々。

瞿を地と云ひ、答摩を最勝と稱する意と同しく「アイヌ」の「コタン」は彼等の居所を指して稱するので、即ち天以外地にある人類と云ふのである。

又飜て聖書創世記を見るに、「ヱザウ」あり「カイナン」あり「ヱザウ」の毛深くして獵の人なりと云へるなどは其一例である。

それから又「アイヌ」は、彼等の祖先「セッタ」の又の祖先を「チヱプ」即太陽の分身であると云へり。然るに西洋の學者は、三叉戟と輪寶を以て太陽に對する思想より起れるものとなし、「チエペラ」神を以て太陽の化身なりと云へると能く一致してゐる。此「チエペラ」は「アイヌ」の「チエプ」と音韻相似たるのみでなく、何れともに太陽の意を有するは頗ぶる奇妙なる暗合である。加之「アイヌ」は三叉戟と輪寶をは非常に神聖視し、種々の模様に必ず三叉戟と輪寶を用ひ、刀劍の鍔にまて輪寶を用ゆるは大に研究すべきものと考ふ。

更に眼を轉じて彼等が草木に對する觀念を見るに、水を汲ては川の神に謝して木幣を献り。枯木を折りてさへ必ず枯木に禮拜し、一石を動しては唱名して之を謝するが如く。一草一木の微より山川岩石の如きものまで總てのものを「カモイ」即神と稱して之を祭るが。我等より之れを見れば如何にも馬鹿氣たやうであるが。大聖釋迦牟尼がまだ嬰曇沙彌と稱して、檀特山にて阿羅々仙人に仕へて修行中に、斯如な事をなされしことが記してある。

某日のこと栞を摘み水を汲み來れよとて、藤もて造れる箱と大きなる瓢とを與へけり。太子師の命を受け、林中を出て山を回り東西南北を尋ね給ふに敢て栞あらず。猶普く回り給ふに遙の溪に若菜生たり、然ども絕壁屛風を立たる如く下るべき便なければ茫然として停立玉ひしが。師の待わび玉はんことを恐れ、樹根にすがり藤葛を手探でやう〳〵下り若菜を摘とりて筐に入れ。赤切岸を攀登り玉ふに、さしも綾羅に纏はれ荒き風にもあたり給はざる御身の。かゝる惡所を攀登り給ふことなれば、荊棘の爲めに手足を刺れ、樹根岩頭に肌膚を破られ給ひ、雪より淸き御肌も鹿子まだらに血に染給ふぞ、痛はしかりけり。然ども太子は些とも屈し給はず、岩間つたひに又溪川へ下り瓢に水を汲とり、兩種を携へて林中へ回り師に供し給ふ。阿羅々仙是を見て、やをれ嬰曇水を汲には瀉水の法あり、菜を摘には三持の道あり、爾心得て菜を摘み水を汲來けるかと問ふ。太子曰弟子未た是を知らず、只師命に從ひ取來り候。阿羅々仙勃然として色を發して曰。夫水には赤龍靑龍白龍三の主有て雨露を施し、草木生靈是に依て生育することを得、然らは猥りに汲滅すべき。上三業、中三業、下三業と號け。金剛輪、正敎輪、持明輪、此三昧法を修し三龍の德を謝して後汲べきなり。又菜には陽性、陰性、德現成とて三の性命あり、因て助業三昧、雜業三昧、正業三昧、以上三昧を修し三光輪を報して摘是敬命の供養なり。然るに猥りに摘取こと無道とも不法とも云はん方なし、破戒の罪思ひ知れやと喝し。遮那金剛杖をおつとり、太子の頭上肩脊の嫌なく丁々と撃すへたり。さらぬだに傷き疲れ玉ひし太子苦と叫びて仆れ玉ふを。阿羅々仙尙も連々に撃ほどに何かは以て堪べき終に呼吸の息絶玉ふ。仙人些とも驚く氣なく太子の骸に腰打かけ稍久しく坐禪して。一念不起滿虛空中本來不滅白陀阿字。と唱へ瀉水の法にて太子の白毫を淨め、持明の法にて胸を溫め善哉々々嬰曇沙彌、と唱ければ。太子忽然として息吹反し玉ひ。夢の覺たる心地にて起上り玉ふ。阿羅々仙微笑して爾已に生を換たり。今は塵世の汚なし、嬰曇沙彌を改めて照普比丘と命べし。偖此杖を爾に讓り與ふべし、是は遮那金剛杖と號て胎金兩道の功德を備へたり、愼んで持せよとて授けれぱ。太子恩を謝し敬んで杖を受、是を持給へば、奇哉是より身體健かにならせ玉ひ、御身より光を放ち闇夜といへども、能明かに小虫の這まで見ゆるより。愈々信心肝に銘し、遮那三昧を二六時怠らず勤給ふ。斯に又或時師の薪の爲めに高峰に攀登て朽木の枝を樵て束ね、金剛杖にかけて法臺へ擔回り給ふに。

阿羅々仙叱て曰、夫山には四神あり所謂、正明神、惣養神、虛幾神、砂摩王神是なり。萬木千草を體として國土に利益す、故に謝那、謝禮、謝磨、加陀、とて四種の法を行ひ四神の德を謝して而して後に枝葉を樵べきなり。然るに爾猥りに貪り樵のみならず、此木は是朽木なれば幾許の虫の栖けんに、心なく切取こと殺生戒を破れりと。淨無上の枝を上げ、連に三十杖擊ければ、太子亦疼痛に堪す昏倒して絕死給ふ。(以下略)、

之に因て見るも「アイヌ」日常の生活が、三千年も太古の印度仙人の戒行と符節を合すほと酷似せるは、如何にも不思議の至てある。「アイヌ」が一草一木の微に至るまて、「カモヰ」と稱して之を祭ることは、頗る古き習慣で、決して近世に至りて他國の模倣などせしものではない。

熟々惟ふに。今日我等文明人が禮拜する處の、種々な佛達の像を見るに。體には破れたる法衣を纏ひ、足は素跣で、手に古びた鐵鉢を持、如何にもあはれ相なる姿てある。殊に彼の羅漢は體に纏ふ法服も出來ぬものか、素裸で枯木を杖づき、岩頭樹根に腰打かけて、フーッと太息吹てござる。我等は何の因果で斯る貧乏な佛を

禮拜せねば濟ないのだらうか。今「アイヌ」を見るに、容貌から習慣まで恰好繪にある羅漢の如である。

# 第四章　「コロボックル」一説

附本邦修驗者の祈禱法が印度釋迦以前の仙人祈禱法と一致の點。

前章に縷々臚列せし如くに、「アイヌ」を以て天狗徒と假定し。此天狗徒は一種の修驗者にて人跡未到の國土を開闢するを以て自己の本務となすもので。經書に說所の光音天、泰西の「チエベラ」神と同一の人種であつて。此地球の創造者とも云ふ名譽ある人類とすれば。從來世間の一疑問となり居る處の「コロボックル」とは如何なるものかと云ふ先決問題がある。

抑々此「コロボックル」に就ては、是まで夥多の學者が、紙と筆を犧牲に供して論戰を煩した所にて。欵冬の葉の下の短小人間であると主張するものがあるかと見ると。其隣では「コロボックル」の如な變哲の人形見たものは影も形もありやしない、こは全く傳說の相違であると云ふ仁が現はれたと思ふと。今度は兩說の外に旗色の變た突飛な新說が天降つた、之は所謂三穴說であるが、予は此三說は何れも感服はせぬ。何故かと云ふに、第一の欵冬葉下の小人は、鳥か何のやうに飛び翔ることでも出來ぬかぎりは。猛獸や毒蛇の繁盛時代には、斯る短小人の生存は勿論請合へぬと思ふ。第三の三穴說は只言語上から割出して、「コロボックル」は蒙古語にて三の穴と云ふ意であつて、此人種の穴居の跡は何れの處のものでも、必ず瓢簞の如に三の穴が連て居るゆゑ、「コロボックル」とは稱するのであると云ふが。予の不幸なる北海全道を探檢せしも、未だ斯樣の酒入のやうな變な穴を一も見當らぬ。然れは斯は如何なる神變不思議の「コロボックル」かなと考へて見るに、如何にも是は疑なき欵冬葉下の土穴の人であるが。之れは生て居る人のやうに歩たり飯を食たりせぬもので此世の人でない。是も可として又別に一ッの「コロボックルの解說がある、是は如何なることかと云ふに。此「コロモ」は毛の古代語で又「クル」は「アイヌ」語にて「モノ」であつて、即ち毛もの毛人の謂である。

諸君も知らるゝ如くに古代の「アイヌ」は全身に深き毛が生えて居たゆゑに斯如

に云ふのであらう。

己に「コロモックル」は毛人の謂て、古代「アイヌ」を稱するものであるとすれば。今日の一問題なる石器土器の類は此等古代の「コロボックル」の製造して使用せしものとなつて。玆に一の議論が起る。夫は太古日本內地に「アイヌ」が棲て居て、遠く四國九州の端までも蔓延して居た處が、一朝天孫人種と云へる優等の人間が侵入し來りて。「アイヌ」を北の方へ北の方へと追ひ拂ひて、終に現今の北海道へ追詰て仕舞ひしものて。今日內地の各處に「アイヌ」語の地名や又は「アイヌ」語の山や川が有るのは是がためであると。是は尤の說なれども予は之に反して思ふに、我々大和人種は其昔曩にも述た如くに毛のある人即ち「コロボックル」であつて。修驗者の生活で居た所へ、西南の方からして人間が入込て來て、南の方より開化して北へ北へと開けて、今日の北海道が尤も文明に後れたものと思ふ。其證據には日本內地の某山中には、太古の風俗其儘で居るものがあるが、今日も尙北海道「アイヌ」の風俗習慣と同一てある。

此他太古內地の土人が一種の修驗行者であつたことは動すべからざる面白き

色々の證據がある。就中尤も珍奇なことは、現今世間の大問題なる石器や土器土偶が比較的近世まで用ひられたるものであることが知れる。其使用法は種々あるが其中で尤も意外に思ふのは、本邦の修驗者や巫女が祈禱に用ひたるものであるが。此土偶の使用法が不思議にも大聖釋迦傳に說所の、儀伯無間の二道士が摩耶夫人を咒咀の時、內縛外縛の印にて土偶を調伏せし一節と頗る能く暗合せるに因り。茲に兩祈禱の順序を古書の原文の儘對照して參考に供せん。之を讀む人は「コロボックル」は予の說の如くに太古の毛人であることを知るに至らん。本邦修驗者巫女の行ひたる土偶の首切の法は。

（原文のまゝ、文中△は後日別冊に說く）。

ヒ杓ノフタノ上ニ、△コノ梵字ヲ書。ヒ杓ノ廻ニ△△△△コレヲ書キ、ヒ杓ノウラニ△七ツ書。ヒ杓ノ中ニ五古ヲ病者ノ年ノ數ツヽ入ナリ。五古ノ上ニ土器ノ中ニ△コレヲ書、ウツムシニシテフセオクナリ。其上ニ鹽ト香ト米ト三色ヲイレオクナリ。次ニ人形ヲ作ル次第、先頭ヲ指二ツブセニシテ。胴ヲ手一ソク、同足手ヲ手一ソクヅヽニ作リ、紙ノ衣ヲキセテ、胸ニ名ト性トヲカキ。病者衣ルイノ下ノ小妻ヲ切テ。人形ニマキツケテ。歌ニ曰、(歌略)、トヨミ聞ヨ。又人形ヲ内縛ノ印ニテシバリ怨敵退散ノ印ニテ調伏シテ首ヲ切ナリ。

咒ニ曰ヽヽヽヽヽヽヽヽヽヽ。

其後右ノヒ杓ヘ命ノ首ヲ入、後ニ胴ヲ入、蓋ヲシテ鬼門ノ方ニウヅム。其上ニ△ト云字ヲ小刀ノサキニテカキ、我足ニテ三度フムマネヲスルナリ。

壇ヲカザリ、男ハ刀大、小女ナラハ、鏡上ル。佛布施布三反、キルイ、錢三〆三百三十三文タテマツル。

東ニ、△△△△△。

西ニ、△△△△△。

南ニ、△△△△△。

北ニ、△△△△△。

桑ノ木ニテコノ札ヲ作リ、サストキ米ト鹽ト合、咒文三返ヅヽ唱テ札ノ下ニマクナリ。

此の祈禱法は極秘密の法にて本邦古代の山伏巫女が專ら執行せしものであつ

て。近く足利末世頃までは各地にて行はれたものであるが、其後何時頃に絶えたるかを知らず。奈良春日神社の巫女は近く維新頃まで、土偶又は動物の首を切り一種の祈禱を執行せしに、其後禁止となつたものである。

然れば今日各地方にて一個の土器の中に數限りなき古錢の入りしもの、又は首ばかりにて胴のなき土偶を夥しく發見することは敢て珍らしからぬことである。

往年陸奥七戸村の警察署長が一個の土器の中に多數の古錢と石鏃の混合して入り居るものを發掘せしことあり。是と同時に首のみの土偶をも發見せし如きは、前述の首切と能く符合する所がある。

それから釋迦傳の祈禱法は如何なるものかと云ふことを大略左に紹介せん。

其後嬌曇彌は急に兩道士を招き寄、いかにや兩人妹夫人が形容を寫し取たりやと尋問はるゝに、儀伯無間したり顔に答けるは。妙后少しも意を勞し玉ふ事勿れ、遊樂の間に委く寫とり候とて。其形代を出し見す、嬌曇彌夫人是を見らるゝに、其面貌はさながら其人に似たれども、五體はいと怪しく忌はしければ其故奈何と問はる。兩道士が曰是道家の秘法にて、面首は羊米を月中の水を取て洗事七度、然して後粉となして是を造り。　五體は羊米膏にて束ね、水火木金土、五形の串にて接合せ。　青白黒赤黄五色の絹にて是をまき、頭に箭をさゝせ候なり。（本邦修驗者は土器の內に人の面首を描き、頭に羽箭二本をつく、之本說と一致す、）此形代に百八十根の針を刺て土中に埋み、秘法の供物燈香を具へ、誠丹を凝し祈り候へば。（中略）、兩道士領掌し地位を考へて土中を堀こと七尺、件の形代に百八十根の針を刺て是を埋み、其周に四箇の壇を築く。　東方を息災壇と號、西方を敬愛壇と號、南方を增益壇と號、北方を調伏壇と云ふ。（四方に壇を築き札を立ること本邦修驗者と同じ）。

偖其具には木瓜を花鬘とし、（今日春日神社の巫女か花鬘を戴くこと思ひ合すべし）白蛇の膏を瀉水に湛へ燈火には蝦蟇の油を洒き、燒香塗香には豺狼の骨を燒、四方に四尺の白刄を立其餘種々の供物を供し。　儀伯無間の兩人髮を亂し跣になりて壇に上り、天血忘、地血忘、業忘、七德七性、五形、五位、內縛、外縛、層閉の法、業縛盤折無明の印、種々の秘訣を盡し、肝膽を碎きてぞ祈りける。（略）、本邦修驗者の祈禱と何そよく暗合せることとの甚しきや。　代を隔つること數千年、國を距ること數千里、而も斯まで不思議に暗合するは奇妙である。

本邦修驗者の首切は病者平愈を祈願するために行ふものにて。釋迦傳のは無病なるものを有病ならしめんとて祈禱するものなれば。自から其間に雲泥の差あるは決して怪しむに及ばぬ。何んぞ兩說對照を俟て後之を論ずるの愚を學ばんや。然れば本邦には近き時代まで釋迦以前の祈禱法が行はれたることが事實とすれば、他にも何か其頃の遺物がある譯である。

今北海道には土偶の絕て發見なきを以て之を疑ふものあるも、斯は「アイヌ」は草にて人形を造り用ひたるものであるから、決して怪しむに及ばぬ。

# 第五章　地名上より見たる天狗の事跡

附「アイヌ」の大海嘯傳說。
△北海道及び內地の地名に梵語多し。
△內地に現存せる石器時代の驛路。

今玆に研究の地步を一轉して、地名上より視たる一例を云はんに。北海道現在の地名は「アイヌ」の付けたるものと云ふことは、誰にも分つて居るが。此地名には一一丁寧に歴史傳説が附隨して居ることを知るものはあるまい。然れば某々の地には太古如何なる事變があつて、何の地には斯樣のことが有ると云ふことが分つても、惜哉今日では最早地名傳説が煙滅して、之を聞くことが容易でない。玆に予が聞得た所の奇妙なる有益なことを一二述やう。

日高國幌泉郡幌泉村の三里山奥に「フンペオマナイ」と稱する所がある。之は鯨の死んだ處と云ふ「アイヌ」語の地名であるが。斯樣な山の奥に鯨なんか死ぬなんて云ふ地名は怪しからぬことかなとて、幌泉のものは「アイヌ」の地名は變なことを付て居ると思て居た。所が豈に圖らんや、是には面白き有益な傳説があるそれは。太古大海嘯があつて、野も山も一面の大海原と化して、纔かに高山の巓が水の上に浮現はれて居たるに、夥多の「アイヌ」が此山の巓に避難して居た。所が巨大な鯨が歌別川から流れ込て、高山と峻岳の間を廻り〳〵て現今の「フンペオマナイ」へ這入て居た處が。海水が減てから海へ出ることができず、トウ〳〵其處で死て了つたに因て、鯨の死んだ處と號たのであると。

近頃幌泉のものが其處に到り地を掘て調べたら果して巨大な鯨の骨が現はれた、それから幌泉にては「アイヌ」の話に僞りがないと信じて居る。

斯の海嘯は「ノア」の洪水や。支那の禹王時代の洪水と同時代の珍事でなからうか。

それから渡島國龜田郡に「トヰ」と云ふ村がある、之は人も知る如く食べる土と云ふ「アイヌ」語であるが、此村には赤色の食料となる土がある。此他にも斯様の地名は澤山あるが之は別冊に譲りて、今一ッ地名に就て研究して貰ひたきことを述べやう。

凡そ北海道に限らず內地にも梵語の地名が夥しくある、今其一二を云へば。「シヤコタン」と云ふ處が北海道に三ヶ所あるが、之は眞正なる梵語であつて、夏季安居と云ふ意であるが、「アイヌ」語も矢張夏居る處と云ふ意である。又人も知る如く有名なる阿寒湖は水の清澄で名高い如く、此「アカ」も梵語にて淸き水のことである。

此他「シヤリ」「サル」「アピラ」「シヤナ」「センプ」「シヤクムイン」、等は何れも疑ひのない梵語である。

予はあまり言語博士のやうに、穿鑿くさき七面倒なことは避けて。只茲に參考までに一ッ某氏が大日經義釋を引て論ぜる、梵語の「娜《た》伽《か》」に就て一言を費さん。

某曰。大日經義釋を按するに曰く。

復《タ》次《ニ》山者。梵云二娜《ダ》伽《カ》一。是不動義也。云々。

山を「娜伽」と云へるは我國の「タカ」と同じ辭なるが故ならずや、又全く「娜《タ》」の濁音を去りて山をば「吒迦」と呼べるもあるなり、山の平地より高きが爲に云ふならずや。云々、

又「娜《タ》伽《カ》」を「地《タイ》珂《カ》」とも云へるよし論ぜり。

之に因て思ふに「アイヌ」は山の頂を「タフカ」と稱せり、此「タフカ」は即前の「娜《タ》伽《カ》」と同音で、山の頂の高さを云へる辭である。是等の樣に言語學者が調べたら面白き發見があるであらう。

それから。人名や鳥獸草木などにも梵語があるやうにて。又彫刻刺繡の模樣に梵字を模樣化せしものがあるが餘程巧妙なものである。梵語の地名は北海道のみでなく、内地にも到處にある、有名な伊勢の「アコキ」の浦の「アコキ」は梵語である

とて、津市の某が考證を立て居る。

此他地名でなくて一種變哲な事がある。「アイヌ」の老人は甲地より乙地に到るに、必ず國道や里道を通ることが稀で、道もなき深山亂谷を一直線に往來す。假令ば北見國より天鹽國へ往かうとすれば、丈なす草木を潛り川は裸體で泳ぎ渡り。如何なる險山亂谷でも一直線に往還す。之に因て惟ふに吾飛驒國船津町の近村に太古高山より越中國大岩村へ往來せし處の、石器時代の驛路とでも云ふやうな、極く古き驛路がある。此驛路は前に述た處の「アイヌ」の筆法で、一直線に出來て居る。此驛路は今日は廢道であるが天正年間までは往來せしものである。然るに此に奇異なるは此驛路には、二里又は三里每に古き歷史を有する小村があつて、此小村には必ず太古の神話が傳はると共に、石器や土器が夥しくある。因て予自から字本鄕平より犬石村まで三四里の間に現存する、太古の遺物を調査せしが頗る有益な參考を發見した。先づ本鄕には太古驛亭の遺趾があつて、現に石器、土器が夥しくある。本鄕より高原川を渡りて僅か一里弱にて双六村と云ふ山中の一小部落がある。此双六には有名なる双六盤の石併に釆ゲ淵がある。村人語傳へて曰、太古スガ子岩の上にて、大山祇命、天の甕星《ミカホシ》神と双六をなされしに、勝敗がつかず、盤の石と釆とを取つて投げられけるに。盤の石はスガ子岩の下に落ち、釆は川へ落けるに其釆の落たる淵を釆ゲ淵と號け、又其川を双六川と呼へるのであると。然るに右二神の靈が此盤の石と釆とに殘りて、往々神異があると云ふ。因て釆ゲ淵の上に小祠を立て天の甕星の神を祭りけるが。往古より今に至るまで、此小祠の附近には八十歳以上の老人絶へしことなきよしにて。現に宮司森川氏は今年八十二歳にて、隣家に八十歳の老翁がある。斯ことに就ては支那三國時代に頗る暗合せる不思議の奇談がある。之は別冊に讓りて。

偖此双六村から一里往て山吹村と云ひ僅に五六戸の一小部落がある、此山吹の「モリモ」峠を上り詰た所に高さ四尺餘の珍怪な犬石がある。犬石より五六丁往し處に長者屋敷と云ふ所があつて、此屋敷の内に庭跡がある。岩石を一尺方に割て之を双べ、三間に三間位の石籬を不規則に作つてある。(因曰本邦諸國に長者屋敷と稱する處があつて、何れも石器土器を多く發見す。余思ふに此「チョシャ」は長者の意でなく、全く兆舍であつて墳墓のことである。太古佛敎以前に箭矢供養。劍供養の行はれし時代の遺物であつて。石鏃、石匙、石斧、石刀、の類は何れも此時代に供養に用ひたものである。）蒙古地方では近く五六百年以前までは此風が行はれたのであつて。「アイヌ」は近く維新頃まで、之を行つたのである。

然れば西藏古代神話にも斯様のことが記してある。箭矢供養の功徳に因て、生命を托すべき城廓を有せしめよ。劍供養の功徳に因て、五惡罪苦を切斷すべき意志を有せしめよ。云々、

此他尚詳しきことは別冊に於て之を說かん。

此長者屋敷より行こと一里弱にて字山の村と云ひ、此村に天狗岩がある。それから更に山を登り行こと一里强にて字オキワリと云ふ一小部落がある。此村にも犬石があつて古代の神話めきし傳說もある。斯如に僅か三里の間然かも深山亂谷の中に於てすら、石器土器が到處にあつて。又太古の神話が殘り居るなど頗る面白き事實であると思ふ。

# 第六章　「アイヌ」と支那仙人同一の點

附支那仙人數字が「アイヌ」の數字と同一。

△仙人「アイヌ」食物一致の點。

「アイヌ」の體格の健康なことは驚くべきであるが、只に身體の健康なのみでなく、現今の醫師でさへ不思議に思て居ることが多い。斯様な醫學上のことは斯道の名家に就て聞くと能く分るが。予は之等體格以外にて更に「アイヌ」の生活中にて支那古代の仙人と頗る類似のことを些つと述やう。

北海道の寒氣と云つたら誰でも知つて居る如くで寒氣凛烈たる節は、牛馬でさへ凍死することが往々ある。然るに「アイヌ」は斯の嚴寒肌を劈く頃に、一寸一盃の微醉機嫌で、素裸にて氷雪の上に轉て睡ると、其身體の溫熱で氷雪が融解するが。支那仙人にも往々斯様のことがある。仙人陽狂が傳に。

（前略）或年雪が非常に降り積た時、彼は只一枚の薄い單衣を着て、靑城山に上り或る寺院に行て宿を乞ふた時。（略）扨て夜が更て風雪が益々吹きつのり、寒氣肌に徹して主人の僧さへ、容易に寢付かれなかつたが、隣室の客は如何して居るだらうと心にかゝつてならなかつたので。密と耳を澄して窺つたけれど更に何等の物音も爲ない、さては憫然さうにも凍え死んだのでは無からうかと、手燭を點して隣室へ行て見ると。件の道士は牀の上に身を恁せて、よく〳〵熟睡して居たが。其周圍には暖かい蒸氣が絕えず立上て居て、道士は肩を露し胸を擴げてビッショリ汗をかいて居た。（略）云々。

之等は前の「アイヌ」と能く似たものであらう。夫から「アイヌ」が走るに其速かなこと颪の如うで、馬で追かけても追つくことが出來ぬが。支那仙人飽靚傳に之と同樣のことがある。此他仙人其儘のことが夥しくあるが何れも別冊に讓つて、玆に更に支那仙人の數字が「アイヌ」の數字と同一であることを述べやう。

「アイヌ」の、數字、十一以上の唱方。

アイヌ語。　シテプ。　イカシマ。　ワンペ。

、內　地語。　一。　アマル。　十。　即內地の十一なり。

ツ。　イカシマ。　ワンペ。

二。　アマル。　十。　同　十二なり。

レプ。　イカシマ。　ワンペ。

三。アマル。　十。　内地の　十三なり。

以下之に準じて知るべし。

支那仙人の數字。十一以上の呼方。

一。　　十。但し十は一に起る。

二。　　十。同、

三。　　十。同、

以下之に準じて知るべし。

斯樣に數字の暗合するは奇妙の至である、之に就て支那仙人軒轅集傳に面白き逸話がある。

（前略）其時皇帝は彼に、朕は此後尚幾年の壽命を得らゝかと尋ねられると。軒轅集は取敢へず筆をとつて紙に、四十年と書き傍に小さく但し十の字は一に起ると記したのを見て。帝は此上尚四十年も長生しては如何なる者かと云て笑はれたさうである。處が皇帝は其後丁度十四年間位に在して、或日病に罹て俄かに薨去になつたが。曩の日に軒轅集が四十年と書て傍に十の字は一に起ると註したのは、十四年と云ふ意味てあつたのを。其時皇帝を初として左右に侗侯して居た朝臣の中で、誰一人として其意を悟つた者が居なかつたのである。

（以下略）、

右は只一例を陳たのであるが。此他にも調べたらまだ面白き話が多くあるてあらう。それから食物に就て見るに、「アイヌ」に第一の馳走がある。之は「ウバイロ」の花と、「ポクサ」の根と、「沼菱」と、此の三種を煑て拵らへるのである。處が此三品の草は支那仙人が仙草と云ふて、貴重がる靈草である。仙人連は之を何と呼ぶかと云ふに、「ウバイロ」をば六合葵と稱し。（此ウバイロは北海道に產する黑葵なり。）「ポクサ」をば萬根葛と呼び。（此ポクサは北海道に產する百合に似たる草根なり。）「沼菱」を双鱗芝なんて。例の支那一流の風流的名稱を付て居る。然れば支那仙人伊和玄解の傳にこんなことがある。

（前略）唐の憲宗皇帝或日彼の名を聞て、朝廷へ呼寄せ宮中の九華室へ留めて置き、紫芝及び酒を賜ひ時々親らも訪問し頗る丁重に取扱て居たが。玄解は元來朴訥な男で、人臣の禮儀などに習て居ないから、隨分無禮な振舞も多かつたけれど。

皇帝は何時も斯うした男だと見知て、別に深くも咎めなかつた。處で或日皇帝彼に向て、汝は年が大分老つて居るにも拘らず。何故に斯樣に常に若々しくして衰ふることがないかと尋ねられると。彼は海上に三種の靈草があつて、一は雙鱗芝と云ひ、二は六合葵、三は萬根葛と云ふ。此草を食べて居れば誰でも常に若くなつて居ることが出來ると答へた。(以下略)。

斯樣のことは暗合とか類似とでも云へるけれど。一寸面白き處もあるに因て參考までに引たまでゝある。此他支那仙人は白石を煮て食べたり、又は丹砂を煉て食ふことは、誰でも知つて居るが。「アイヌ」が白石を煮て食べたり、又は赤土を食べることは誰も知るまゐが。此は事實である。斯樣の些事でも意外な證據となることが往々あるものである。又「アイヌ」が刺繡の衣を着することは人の知て居ることであるが。仙人も矢張刺繡の衣服を着ることを知る人はあるまい。夫から「アイヌ」が刀劍に異樣の摸樣を彫刻したり、又は竹木に何者かを彫刻して、死人埋葬の節墓中に埋めたり。或は「セントッパ」に繩て卷付けることがある。之は支那仙人の尸解の法と稱するものと同してある。此他北海道にて尤も有名なる小樽區宇手宮の石窟内に於て發見せる異様の彫刻物に就ては、是迄學者間に種々の臆測が發表せられて。或は石器時代の墓標とか、又は支那古代の文字なりとか、古代豪族の徽章など云ふて。見る人に因て勝手な名稱を付て居るが、今に於て分明でないのも尤の次第である。苟にも佛教以前の埋葬法でも知つて居れば直に分るが、佛教のやうな簡易な儀式では斯如な太古のことが分らぬものぢや。余の天狗説は右の石文が有力の證據となつて「アイヌ」が如何に切初の儀式を傳へて居たることが分るやうになる時がある。

# 第七章　太古世界共通の神符

附輪寶。三叉戟。卍字。十字架。
△「アイヌ」摸樣「カラト」と天の逆鉾。
△富士仙女羽衣。羽織、合羽、の字義。

現今世界諸邦に生存せる處の「タンクート」人種中には、太古の遺物にて研究すべきものを、夥しく傳へ居るやうであるが。就中太古世界共通の神符として一種異樣のものを傳へて居るが、此神符に就ては今日の學者でも其有無をすら疑ふ如であるから。最早如何なる神秘的の、深意を含めるものか之を知るものはあるまい。是尤も斯道研究上の一大遺憾である。加之此神符の形狀をすら傳へて居るものは、世界中にて我が「アイヌ」の外には未た聞及ばぬ處である。然るに「アイヌ」は此神符を神符と知るか知らざるかは不明であるが、現に衣服の刺繡模樣叉は「イクバシユイ」及び盃などに彫刻して居る。予が見た所では十種もあるやうであるが、其名稱は未だ分明でない。

抑此世界共通の神符は何の用に使ひたるものか分からざるも。太古石世期に於て未だ曾て現今の如なる神體とか佛像のなき頃に、此神符をば岩面叉は何物にか彫刻して禮拜せし如であつて。其後佛像や神體の發明せられて後には、此神符は、癈絕となつて、只僅かに文明に後れたる太古の遺民間に傳つて居るに過ぎぬとのことであるが。此神符が現今の三大宗敎、神道、佛敎、耶蘇敎、とは偉大なる關係が伏在するに因て、之を深く研究する時は、或は三大宗敎の起原及び三宗敎の連絡が分明になるであらうと思ふ。

今日佛教史の起原を研究するものは、必ず先づ初代佛教の彫刻物に遺れる、印度「バルフート」の佛塔石棚門に存する輪寶の圖。又は印度「サンチ」石門の頂に冠せられたる輪寶、又其上に戴ける三叉戟、此他印度「アマラバチ」彫刻の佛足跡。又「セイロン」島に遺存せる佛足跡等は各輪寶と三叉戟と共に卍字を有するを以て、此記號が佛陀以前より存在せしを證明するものなりと說き。輪寶卍字三叉戟を種々の方面より解釋すと雖とも、太古の神符に就ては一言の引證なきは大に空服の感じがする。偖て此三叉戟輪寶、卍字が、太古の神符とは何等の關係なきものかと云ふに。輪寶三叉戟は符號ではなきも、卍字は佛陀の記號であつて、其原は矢張太古世界共通の神符が一變せしものである。

又耶蘇の十字架に就ては、世間に種々の批評があつて、中に於ても生殖器の變形など唱ふる論客もあるが。此十字架に限らず、輪寶にまれ又三叉戟でも、凡て其原因が不明であれば、何でも蚊でも總てのものを生殖器の進化せしものゝ樣に說くが。予を以て之を見れば滑稽の至と思ふ、生殖器崇拜は中世以後、而も五穀耕作の道開けてから、或一種の原因が斯樣な不體裁な形像を崇拜するやうになりしもののて。十字架も卍字と同じく太古世界共通の神符が一變せしものであつて決して生殖器などの變形でない。此太古の神符は別冊に於て說明す。

「アイヌ」は此神符の他に尙一の奇妙なる有益な刺繡模樣を傳へて居る。之は鼻高殿と獨角獸の二物を一體に合し、巧みに模樣化せしものである。加之丁寧に羽翼まで模樣で付けて居て、之を「アイヌ」が「カラフト」と稱してゐるが。彼の有名なる日向國霧島山の天の逆鉾は、天狗の面を兩方に鑄造せしもので、頭部に瘤が二ツ兩方にあるのは、角を意味せるもので。此「アイヌ」の「カラフト」と同樣のものであるが只天の逆鉾は羽翼がないのみである。然るに此天の逆鉾に就ても色々の噂があつて、世人は近世の擬造物であると云ふけれど。予は鉾の製造年月の新舊を問ふものではなく、又其原料の木と石と鐵と銅と紙との別をも論するものでない、只其形狀が古意を存すれば可《よい》のである。

抑天狗と獨角獸は世界開闢に偉大なる功績があるに因て、此二物を一體に合して之に羽翼を附けて神像として祀ることは、頗る太古よりの遺習である。幸にも今此「カラフト」の像を得て大に珍重して居るのである。

又本邦の富士の仙女の天の羽衣と云ふものは、太古の土人が雨天に使用せし、鳥羽を以て造りたるもので。現今亞米利加印甸人の酋長が用ゆる所の、鳥の羽皮を剝きて造りたる「ハット」と同じものである。

然れば本邦でも太古に土人が使用せし證據には。古事記の少名毘古奈神の段に曰く。

故大國主神。坐㆓出雲之御大之御前㆒時。自㆓波穗㆒。乘㆓天羅摩船㆒而。内㆓剝鵝皮㆒剝《ウツハギニハキテヒムシノカワラ》。爲㆓衣服㆒《シテキモノニ》。有㆓歸來神㆒。

之れを見ても本邦にて古代羽衣が使用せられたことが分る。況や又吾人日常着用する所の、絹木綿にて、仕立たる外用衣服を羽織と稱し。又油紙にて製せし雨具を合羽など稱するは其一證である。羽織は絹布にて製するものなれば須らく糸に从ふ字を用ひ、合羽は油紙なれば合に紙に从ふ字を用ゆべきに、然はなく却て全く糸や紙に緣のなき、羽字を用ゆるは何に因て然るか。日本紀に、漢織、呉織、の名見え、應神紀に、穴織あり。漢と呉は國名と見るも可なるが、予の寡聞なる未だ曾て、穴なる國の存在を知らず。之に因て思ふに右は何れも「ハットリ」、即羽衣の名稱でなからうか。今日藁で造れる雨具を「ハントリ」と稱するも羽衣の遺稱でなからうか。又性氏服部(ハットリ)又鳥羽(トハ)(トハはハットと同稱なり)などは、或は太古羽衣を製造せし家の性氏であらう。

今日勳功多き故人を表彰するため、銅像を建てるや必ず洋服姿を鑄造すると同じく。太古の者が太古の功績ありし人を景慕して、其姿を彫刻したり又は刺繡にして、昔を忍ぶ紀念とせしは當然のことにて。今日の銅像の如く、太古にても又太古の風俗其儘の羽衣の姿を彫刻し又刺繡にして之を神像として崇拜せしものが、即ち羽翼を有する神像の起因であらう。

「アイヌ」も又古昔斯樣なる羽衣を使用せしに、今人誤つて「アイヌ」の飛行機なりと思ひ居れり。

# 第八章　北海道には何故道祖神なき乎

附、道祖神。岐神。塞神。の起原。

「アイヌ」間に於ては他の未開國の社會にて見る所のやうに、數多の迷信的崇拜物の無きは大に異とする處である。本邦内地に於てすら、古來生殖器の如き怪しからぬものを崇拜することが、盛に流行せしにも似ず、北海道には話にだも聞かぬ所であるが。内地には古來より斯如な傳說由緒の不明な神佛が夥しくある。就中道祖神、岐神、塞神、道陸神（久那斗神）の如きも又分らぬものゝ一であつて。世人は生殖器の如に說て居る、然るに北海道には斯樣な神は影も形も見當らぬ。斯は如何なる現象であらうか、「アイヌ」の如き、未開人は生殖器を崇拜するやうな高尙の志想がないのだらうか。此道祖神、塞神に就ては古來種々の說があるが、予も又一己人の考を些つと述て見やう。

道祖神。岐神。塞神。道陸神。其他怪しからぬ頭の神樣が內地にのみあつて、何故に北海道には皆無であるかと云ふに。抑々此岐神や道祖神と申すは、其始は太古人間が尙入り込まぬ以前に、今日の「アイヌ」のやうな天狗人種が棲て居た處へ。始めて人間が入込て來た時に、天狗が道案内のために立たる杖の進化せしものや、又は天狗徒の無緣塚の一轉せるものである。北海道は內地のやうに、長き年月を費して文明化せしものでなく、世界の大勢にて急進開化せしゆへに、彼等の杖を借る必要がなかつたものである。偖此天狗の杖とは何を云ふかと云ふに、「アイヌ」は天狗徒だから如何なる深山亂谷でも、食物も携へず數日山中を徘徊するとも、曾て山中に迷ふと云ふことがない。我等は自己の生れたる故鄕内にても、一歩近村の山へても蹈入れば忽に東西に迷ふ。今日の如くに大道砥の如うで、汽車汽船の利がある文明世紀に於てすら猶此嘆がある。況や數百年の昔、交通の不便な時代に於ては想像の及ふ所でなからう。此に於て道路の指導標が神とも佛とも思はるゝものである。之に就て吾人曾て異人の說を聞く。太古內地の土人が尙今日の北海道の土人の如な修驗者の生活で居た頃に、人間が入込て來て往々山中に迷ふに因て、何時も土人が道案內をせしに、其嚮導法が又妙である。先づ土人の携ふる所の山鉈にて、手頃の生木を切り皮を剝きて、之を六尺位に斬り其上方に小刀で如何にも恐し相な異樣なる顏面を彫刻し、之に草木の汁にて色を造りて塗抹し。一丁每に見易き位置に立て以て標識とせしが、時によりては杖のみを立てたるのもあるが、之を號て「チマタノツヱ」と云へり。夫から人間が次第に繁殖して、道路を開鑿したり市街を建設する如うになつて。「チマタノツヱ」も道路と共に長大になりたるに、何れの頃よりか此「チマタノツヱ」が更に文明化して木標又は石柱とまで進んだが。更に又神なる敬詞を頂く如になつた。夫より社會が次第に文明になつて、道路の案内標なんか不要となつて太古立たまゝにて、長き年月の間道路の片端にありて風や雨や雪に晒されたゆゑに。頭部が異様に恕つた様な怪しからぬ形となつて居るのを見て、後世に至りて之を男根と見誤り、夫からして生殖器と云ふ怪しからぬものを崇拜する如に文明化したものぢや。

夫からして、道陸神と申すは。太古に貧困にて親戚知己の據る所もなきものが死去てもすれば之を道路の傍に葬りて徃來の旅人に影向して貰ひしもので。其墓標には石又木にて首面のみを彫みて之を墓の前に立てしものである。今日朝鮮地方で行はるゝ、天下大將軍や。又支那の娥眉山下に立て居る鼻高殿は。天狗の杖の遺習であつて、道陸神とは別のものである。此「トウロクビ」が一轉して「トウロクシン」と訛りて神様と進化せしものである。天下大將軍又は娥眉山下の鼻高殿は、右は何れも路傍に立て居る里程の指導標であるが、今漢字を見るに道は首に从ひ之に从ふに因て、之を形象文字にすれば。

斯様な風であつて、言ふまでもなく、道字である。予は今斯様の道祖神や、岐神を研究するものでないに因て。之を云々すれのではないが、只天狗徒と因縁淺からざるにより、概略を述べしにすぎぬが、猶詳細は別書に於て之を説かん。

## 第九章　義經辨慶と「アイヌ」

義經が奥州衣川にて戰死せるもので、北蝦夷島へは渡らぬとは、歴史の語る如くであるが。西洋の學者は義經は北海道のみでなく、遠く滿洲まで押渡りたるもので。元のヂンギスカンは、源《ゲン》義《ギ》經《ケイ》の訛であるとまで論じて居る。そは兎に角今義經記に就て見るに、京洛を落て北陸道を廻り、出羽に出てゝ月山へ參詣せし如くであるから。予は思ふに義經の北海道へ渡りたるは、奥州の秀衡へ未た落着かさる以前に月山からして津輕海狹を押渡り北海道へ到りしものでなからうか。必ず其の始め蝦夷島へ渡りて無人の地を開拓する考へにて渡りしものであらう、彼の辨慶の七ッ道具を見よ、鋤や斧槌などの山澤開墾の道具にて、武士の携ふるものではない。因て思ふに義經が京師を脱出して、蝦夷に據らんと企て、鬼一法眼より日高國平取の酋長へ添書でも持參せしものであらう。洛を落つるや山伏の假裝などはよき考である。

義經は幼時より已に早業の心得ありて宛も今日の北海道の「アイヌ」のやうなことをなせしものである。彼が鬼一法眼を驚かせし一段が能其實況を描いて居る。

義經記に曰く。法眼がかまへて〳〵首取てみせよと誂つるに、持てゆきてくれて、きもをつぶさせんと思召、三の首を太刀のさきにつらぬきて歸り給ひ、法眼がもとにをはして御覽すれば、門をさして橋をはづしければ。たゞ今たゝきて義經といはゞよもあけじ、是程の所ははねこし入ばやと思召。口一丈の堀八尺のついぢにとびかあがり給ふ、梢に鳥のつたう如し。内に入御覽ずれば非番當番の者共ふしたり、緣に上り見結へば、火ほと〳〵とかゝげて法華經の二卷の半まき斗よみてゐたりけるが、天井を見あげて世間の無常をこそくはんじける。六韜兵法をよまんとて一字をだにもよまずして、今たんかいが手にかからんずらん。（略）、斯如のことは義經に於ては敢て珍らしきことにもあらず。八島の役に八艘の軍船を飛越へしこともある。

然れば彼が幼時山城國鞍馬山に修學中相性谷にて天狗に劍術を習ひたりなと云へるは、一場の昔話に過ぎぬけれども。彼が鬼一法眼の娘を說き六韜三略の兵書を盜み出せし一段が、頗る不思議にも「アイヌ」の傳說なる、義經が平取の酋長に寄寓中酋長の娘婿となりて居たるが。娘を說きて酋長秘藏の卷物を奪ひ出さしめたる一節と酷似して居る。義經記に曰く、

我は左馬のかみの子源九郎と云ふものなり、六たう兵法と云物に望をなすによつて、法眼も心よからねども加樣にて有なり。其文の有所を知せよとぞ仰けるいかでか知候べき、それは法眼のなのめならす重寶とこそ承りて候へと申せば。扨はいかゞせんとそ仰ける、さ候はゞ文をあそばして給り候へ、法眼のなのめならずてうあひの姬君の方へ、人にも見へさせ給はぬをすかして御返事を取て參せ候はんと申。女性のならひならば近付せ給ひて候はゞなどか此ふみ御覽せで候べきと申せば。（中略）姬君は御袂にすがりかなしみ給へど、我は六たうに望

有さらはそれを見せ給候はんにやとの給ければ。あす聞て父にうしなはれん事力なしと思ひけれとも。かうじゆをぐして父の秘藏しける寶藏に入て、ぢう〳〵の卷物の書を取出して奉る。（略）、

之れ頗る「アイヌ」の傳說と酷似して居る。此他にも「アイヌ」の義經に於ける可笑な昔話があるが、其中にても義經辨慶の淨瑠璃の如きものがある。其文の一節に曰く。

往昔天鹽國增毛郡の高峰雄冬嶽に大强のメノコ住居せしことありて、魔法を知り常に空中に上りて法を行ふ。或年是のメノコ、上川郡にて沙流郡の土人と爭ひし時、既に義經渡り來て、辨慶音に聞えし彼の大力のメノコを取て投げたりしが、其後義經其メノコの養子となり、如何なるものか、卷物をメノコに渡せし後。魔術消滅せり。云々。

右の如き意味のもので如何にも可笑しな筋道である。然るに此淨瑠璃を聞居る土人等は最も謹み、辨慶が大强のメノコを投る段となるや、土人は悉く平伏すと云ふ。此淨瑠璃は內地の昔話なる牛若丸が鞍馬山にて烏天狗と試合をなして打

勝たる一節と甚だ相似たる所があつて、可笑な至りである。是に因て見るに義經は何等か天狗徒と因縁が有るものであらう、義經のみでなく。賴朝も又天狗徒に深き因縁がある、是等は別冊に於て之を說かん。

## 第十章　天狗に關する古人の說

平田篤胤の古今妖魅考。林羅山が神社考に載する所の天狗談は、何れも荒誕無稽なものであるが。之は未だ嘗て「タンクト」と云ふ珍人類の存在せることを知らざるに因るものであつて。考證が不充分なためではない、就中羅山の曰く。

我國自古稱二天狗一者多矣。皆靈鬼之較著者。是非二星之義一也。或爲二佛菩薩相一或爲二鬼神貌一時々出現。或爲レ狐、或爲レ鳩飛行、或爲レ童或爲レ僧、爲二山伏一出二入人間一。

之等は其一例であつて古來天狗と稱するもの甚だ多いが。是等は余の研究せる所の「テンクト」とは沒交涉のもので、全く同名異物である。

室鳩巣が駿臺雜話に面白き實話がある。是こそ余の謂所の天狗徒の類であらう。其文に曰く、加賀にありし時人の語りしは、北國にいやしきもの飛驒山に行て、杉を採て板にへき生業とするものあり。或時山中に杉をへぎ居けるに、ひとりの山伏の鼻の隆が來りしを見て。心に不思議のものかな、天狗にやと思ふに。汝は何とて我を天狗と思ふぞと云ふ。早く去かしと思ふに、汝はなど我をいとひてされかしと思ふぞと云ふ。何にても心に思へば早知りてとがむるほどに。後は是非なく其へぎたる板の長くはゐたるを綰撓て、繩して括らんとしけるに。心ならず取はずして、板はねけるほどに。其板の末天狗の鼻にしたゝかにあたりしかば。汝はこゝろねの知れぬものかな恐ろしとて行さりぬとぞ。板のはねけるは見慮より出ざる事なれば、こゝには天狗も及ばぬにこそ。是にて知るべし念慮なき處は鬼神もうかゞひ得ざるになんありける。

此話頗る面白し參考とすべきである。山伏の姿にて鼻が常人より稍隆かりしかば、始めて天狗ならんと心付きたるなど面白し。又支那仙人中にも餘り突飛な藝當をせず、至極平民的で、余が云所の「テンクト」に其儘のものがあるが頗る「アイヌ」と似て居るにより茲に紹介せん。其一節に曰。

許宣平は新安歙縣の人である、唐の睿宗の景雲年間に城陽山の南麓にある小さい塢の上に一の庵室を築いて其處に住み、靜かに仙術を修めて居たが。顏は丁度四十位に見え、脚非常に早く駈け行く馬にも容易く追付く事が出來た。そして時々薪を賣りに市へ出ることもあつたが、其都度彼は擔ふて居る薪の上に一の酒瓢を結び付け、夕方微醉機嫌になつて、鼻唄うたひながら家へ歸て來る。云々、

此話のやうな仙人なら、今日でも日高國下下方へ往は誰にでも見ることができる。此他

史記。漢書。晉書。などの諸書に記する所の天狗は恐れ入つたものである。

天狗狀如大奔星有聲。其下止地類狗。所墜望之如火光炎々衝天、

又曰く。

天狗如大流星。色黃有聲其止地。類狗所墜望之。如火光炎々衝天。其上鋭其下圓。如數項田。見則流血千里破軍殺將。云々、

色黃。上鋭下圓如數項田。とは如何にも支那人の看察は又格別なものである。

凡そ斯様な譯の分らぬ天狗説は枚擧に勝へられぬが。之等は何れも予が研究の範圍外の怪物である。

# 第十一章　結　論

予は今大略天狗の特徴に就て之を列擧し了れり。本此論旨たる未だ一貫せる具體的の文章にあらざるも。要は只「アイヌ」が天狗徒に酷似せる點を臚列せしものであるが。之に因て世界刧初の人類の俤を幽微の中に認むるを得ば幸である。換言せば天狗とは妖怪變化の類でなく、世界創造者とも云ふ太古の土人であるが。今日より之を見れば如何にも未開野蠻人である。往事は追究するに及はず、宜しく未來を研究して、日に新に又日に新ならんことを希圖すべきであるが。さりとて又太古未開なる野蠻時代に於て何如なる妖怪的事實が有つて、其今日の文明に達するまでの發達の順序を知るも豈亦無益のことでなからう。

今本書を一讀の仁は己に知られしであらう、「アイヌ」の風俗習慣か「タンクト」人種と同一で、又彼等の祖先「セツタ」は佛敎にて說所の光音天刹帝利と符合することを。

其他西洋にて説所の世界創造者「チエペラ」神が太陽の分身なりと云へると同じく、「アイヌ」の「チエフ」即太陽祖先説とも一致することを了解であらう。

夫から彼等は、輪寶、三叉戟、を非常に神聖視して之を色々の模様に應用することをも知られしてあらう。又支那仙人は「アイヌ」に些つと毛の生えたくらへなものなることも了解であらう。斯如に看じ來れば「アイヌ」を如何に太古の仙人や佛と同一であるやうに過讃する如うに思はるゝが、之は只酷似せるに因て其特徵を臚列せしに過ぎぬのである。

茲に筆を擱するに臨みて切に懇望に堪へぬことがある、希ふ左の章句を三唱あらんことを。

印度内典に曰。

世の始を刼初と云ふ光帝と云ふ、天衆あり、空中に金色の雲を起し梵天に遍布す。（中略）光帝の天衆下生して次第に住す、之を住刼と云ふ。（中略）其始には人の身光明遠く照して飛行自在なり。歡喜を以て合とす。男女の相なし。後世地より甘泉涌出す其味密の如し、是をなめて味着を生じ。依て神通を失ひ

光明も消ゆ。（中略）、地味にふれしより顔色かじけをとらふ。略、

創世記第五章に曰。

「アダム」の傳の書は是なり、神人を創造りたまひし日に神に象て之を造りたまひ、彼等を男女に造りたまへり。彼等の創造られし日に神彼等を祝して彼等の名を「アダム」と名けたまへり。「アダム」百十三歳に及びて其像に循ひ己に象りて子を產み其名を「セツ」と名けたり。「アダム」の「セツ」を生し後の齢は八百歳にして、男子女子を生めり。「アダム」の生存へたる齢は都合九百三十歳なりき而して死り。「セツ」百五歳に及び「エノス」を生めり、「セツ」「エノス」を生し後は八百七年生存へて男子を生めり。（略）、

又創世記第二十五章に曰く。

「イサク」其妻の子なきに因りて、之がために「エホバ」に祈願をたてければ。「エホバ」其ねがひを聽たまへり、遂に其妻「リベカ」孕みしが、其子胎の內に爭ひければ、然らば我いかで斯てあるべきと言て。往て「エホバ」に問に、「エホバ」彼に言たまひけるは。二の國民汝の胎にあり、二の民汝の腹よりいでゝ別れん。一の民

は一の民より強かるべし大は小に事へんと。かくて臨月みちて見しに、胎には孿ありき、先に出たる者は赤くして、躰中裘の如し、其名を「エザウ」と名けたり。其後に弟出たるが、其手に「エザウ」の踵を持り。其名を「ヤコブ」となづけたり。「リベカ」は彼等を生し時「イサク」は六十歳なりき。茲に童子人となりしが、「エザウ」は巧みなる獵人にして野の人となり「ヤコブ」は質樸なる人にして天幕に居るものとなれり。（略）

# 蝦夷天狗考 終

# 讃岐天狗談

『石槌山《いしづちやま》は御承知《ごしようち》の通《とほ》り四國《こく》一の高山《かうざん》でござります、其《そ》の頂上《ちやうじやう》から十八町下《ちやうしも》に千家《せんげ》といふ所《ところ》がある三四十年前《ねんぜん》までは天狗《てんぐ》がゐると云《い》うて人《ひと》が近附《ちかづ》かなかつた其《そ》の天狗《てんぐ》さんが今《いま》は柏採《はくと》りを商賣《しやうばい》にしてゐるのです、何《なに》せ粟《あは》ばかり食《く》つてゐる様《やう》な人間《にんげん》ですが、其《そ》の柏採《はくと》りが始《はじ》まつてから此《こ》の附近《ふきん》に五十人《にん》ばかり稼《かせ》ぎ手《て》が出來《でき》て、今《いま》は好《よ》い商賣《しやうばい》になつてゐます、先《ま》づ雪解《ゆきと》けの五月から十月までの間《あひだ》に仕事《しごと》をするので、早《はや》いので二十日長《なが》いのは三十日も山《やま》へ入《はい》つて捜《さが》して歩《ある》く、山中《さんちう》の食物《しよくもつ》は餅《もち》でござりますさうな』（大阪朝日）

明治四十五年三月廿五日印刷
明治四十五年三月廿八日發行

非賣品



著作兼發行者　佐々木船山
東京市日本橋區箔屋町十四番地丸山舍方

印刷者　竹澤章
東京市日本橋區箔屋町十四番地

印刷所　秀英舍
東京市京橋區西紺屋町廿七番地

# 天狗徒研究會趣意書

不肖單身北海道に渡航し山間海岸餘す所なく全道を探檢致し土人アイヌを親しく研究せし處。從來世間の一疑問になり居れる所の天狗徒は即ち彼等アイヌに酷似せるのみならず。疑もなき眞成の天狗人種なることを發見せり。右に關する証據は一々枚擧に勝へずと雖も、其一斑は本書に記述せり。就中珍奇なる新發見は今を距る一萬年以前の世界共通の神符十餘種現に之れを傳へ居れり。如上の珍人種が地球の一角に現住せるは豈に奇怪の現象にあらずや。之れ實に泰西學者の猿祖說に對する一新說として研究する價有るものと云ふ可きなり。此に於てか不肖を顧みず蟷螂の斧を揮ふて之れが研究會を企つる所以なり。斯業たる一朝一夕に克く成就する所ならず廣く資料を探り深く研究せざる可からず。四方篤志の士希くは加盟あらんことを懇望す。已上

# 會　規

一本會は蝦夷天狗を研究するを以て本旨とす。

一本會は會務一切創立者に於て之を處理す。

一本會々員は特別賛助員普通會員の二種とす、特別賛助員は創立者に同情を寄せ本會費として毎年金參圓已上義捐をなし、又は學術上の後援を與ふる者とす。普通會員は、最初入會の際入會金壹圓を義捐し、次後毎月金拾錢宛を義捐する者とす。

一本會は毎年一次研究次第を印刷物となし會員に配附す。

一本會は五ヶ年、若くは十ヶ年間を以て滿期とす、研究完成の後(天狗徒)なる書籍を刊行し會員に無料配附す。

一本會創立者は毎年諸國を探撿し、原人の遺物石器土器其他古墳内の副葬品を採集す。

(右採集品は散會後會員に分配す)

已　上

佐々木船山敬白

# 蝦夷天狗研究

第二卷

天狗徒研究會發行

## 會員諸賢に告白す

空拳飄然北海の仙島を踏破すること玆に三回焉。幸哉篤志諸君の同情に依り。本誌第二卷の上梓を見るの幸榮を得たり。今や第四回の探撿を斷行せんとす。希ふ本會の擧を賛して。參考品の提供。會員の勸誘に一臂の勞を分たれんことを。探撿途次必ず歷訪せん。乞ふ面晤あらんことを。

諒闇中年始の禮を欽く

佐々木船山

## 舌代

著者固より赤貧洗ふ如く、加ふるに住するに常宅を有せず、一枝の管城を握つて東泊西漂恒なし、本稿の如きは食前食後、若しくは燈火豆の如き寒窓に於て草する所なれば、文章の錯亂思想の誤謬は深く以て會員諸君に謝する所なり。

## 會告

△平賀鳩溪自筆寫本

蝦夷松前焉　全五卷

右次卷より連載す稀有なる珍籍なり

アイヌの歌踊

（室蘭中井商店寄）

山江大言狂舞樂

# 蝦夷天狗研究　第二卷

## 目次

目次終

# 蝦夷天狗研究　第二巻

佐々木船山著

## 贅言

史を繙て案ずるに。我が神州には天孫人種以前に一太古人種あり。大概之を蝦夷と稱せしは典籍の特筆する所なり。神武帝東征頃の事蹟は確たる記録の據て以て徵するに足るものなく。降て景行帝御宇に至り武内宿禰の東國に赴きし一節に於て始めて蝦夷の爾見え。日本書紀に左の註あり。

齊明帝の朝。小錦下坂合部石布連。大山下津守吉祥連等二船。奉使呉唐之路。以己未年七月二日。發自難波三津之浦。八月十一日發自筑紫大津之浦。(中略)天子問曰。蝦夷幾種。使人謹答。類有三種。遠者名都加留。次者名麁蝦夷。近者名熟蝦夷。今此熟蝦夷。每歲入貢本國之朝。

之等に徵する時は。現今の常陸磐城一帶の地を熟蝦夷と言ひ。陸前陸中一帶を麤蝦夷と稱し。陸奥の一端を尤も遠き者と爲せしに似たり。更に同紀に註して曰く。

天子問曰。其國有五穀。使人謹答。無之。食肉存活。天子問曰。國有屋舍。使人謹答曰。無之。深山之中。止住樹根。天子重曰。朕見蝦夷身面之異。極理奇怪。(中略)於是蝦夷。以白鹿皮弓三箭八十献于天子。

噫。古史の記する所如斯。齊明帝御宇に於ける東山北陸。諸道以北の土人は。五穀耕作の道を解せず。純ら漁獵を以て存活せしを知るに足れり。且同紀に蝦夷は大毛人なりと註せるを以て之を推すに。當時の土人は毛深き巨人にて。猶今日の北海道の土人と均しかりしを知るべし。若し夫れ言語上より之を考ふるに。支那の蒼頡を以て「タンクト」なりと言へば。我が朝の蘇我氏は「ソウカッ」に音韻相近きを以て。均しく「タンクト」なりと稱すに足れり。然れば古乘に現はれし「ツチクモ」は「ツンクモ」氏にして。「ヤクモ」は所謂「ヤンクモ」氏なるなからんや。

今内地の地名を見るに。十中八九は總て「アイヌ」語の混血辭なり。

本邦古來不可解の神名頗る多し矣。就中古史上に著名なる所の。猿田彥大神。若しくは。一言主神。其他の天狗と稱する一派の神は。疑ふ所なき此「タンクト」即ち婆羅門(梵天)なるべく。之を稱して天狗と言へるは。從來其意を解するに苦しみたる所なりとす。然るに今や幸にして此天狗と云へるは。世界劫初の人類にて。此地球の創造者とも云ふ可き。貴き歷史を有する所の。婆羅門の一派なることを知るを得るに至れり。

抑々此婆羅門は一に梵天と稱し。一派の禁法として事細大となく。言論行事を一切紙筆に記することを許さず。故に其事蹟は之を知る能はずと雖ども。幸にして吠陀經の存するありて。聊か其一端を窺ふことを得るに過ぎず。然るに玆に不可思議なるは。我が北海道土人「アイヌ」の風俗習慣が。此四圍陀に一致せる所あるのみならず。

世界劫初の諸の儀式を傳へ居ることを確信して疑はざるものなり。玆に斯會を設け以て此湮滅に瀕せる珍人類の研究を企て。本誌を刊行して世の同好の士に訊ふ所あらんとす。乞ふ名を賣り奇を弄する徒と同一視する勿れ。

# 河伯、憑夷、阿無夷、アイヌ、娥眉と創世記の「アタム」と日本の愛宕神社

支那の憑夷《フイ》は阿無夷《アムイ》にて。此阿無夷は即ち河伯《カヒ》である。而して阿無夷が一轉して「アムイヌ」となり。更にムが落ちて「アイヌ」となりしものが。即ち我が北海道土人の稱呼となりしものであらう。

予曾て謂へらく「アイヌ」は「ワイヌ」の一轉せしものならんと。幵は現今にても朝鮮支那人は陰にて我日本人を貶稱して「ワイヌ」と云へり。邦人之を聞き知り轉じて北海道土人を貶稱せしに始まれる語ならんと。有名なる荻生徂徠の如きすら自から日本夷人など署名せしことがある。彼の「倭奴王」金印も恐らく此「ワイヌ」王と讀みしものであらう。と斯如に考へ居たりき。

然る所が「アイヌ」を「タンクト」即ち天狗人種と假定せし以來。專ら此天狗にて有名なる山川或は書籍上に現はれたる所の北海道土人に關係ある記事などを總合して研究せしに。此「アイヌ」なる稱は決して貶稱でなく。支那の河伯即ち阿無夷

の一轉せるものならんとの考を生じたり。果せる哉北海道土人は支那河伯とは秦以前より已に盛に往來なし居たることを知るを得たり。此に於てか我が研究藩籬を擴大して。支那大陸にまて城砦を築かざるべからざるに至りたり。

支那の娥《カ》眉《ヒ》山は此「カヒ」即ち河伯と同名異字なるべく。此娥眉山には處々の道路の傍に幾多の鼻高天狗の木像が立ち並て居ることは遍く人の知る所である。而して又北海道の「アイヌ」を蝦夷と書して「カイ」或は「エゾ」と訓むは。支那の河《カ》伯《ヒ》、娥《カ》眉《ヒ》、と共に音譯字にて其漢字を異にするのみてあらう。或る方面から之を解說すれば。「カイ」は「エゾウ」と同じく。毛人の意味である。殊に此支那の河伯人は甚だ珠玉刀劍類を貴び愛すると同樣に「アイヌ」も殊の外珠玉刀劍等を寶愛せり。且此兩者は海濱或は山中の河岸を撰て住居する所も甚だ似て居る。然るに惜ひ哉此河伯に就ては未だ其生活習慣等を記述せし書籍を閱讀する期會を得ぬ。唯北海道の「アイヌ」が支那の河伯と相往來せしは頗る太古よりの事であることだけは或る支那の古書にて一見せし事がある。

若し此河伯の習慣が「アイス」風俗と一致せる點でも發見せば大に氣焰が吐けるであらう。因て思ふに此河伯、阿無夷蝦夷「アイヌ」など云へるは何れも同じ「タンクト」人種の一部落であらう。

更に眼を轉じて創世記の所謂「エザウ」なるものを見るに是亦其精神狀況と生活が。頗る我が北海道の「エザウ」に似たる所がある。此創世記の「エザウ」は「ヤコブ」と云へる羸弱なる弟を有せり。而して此羸弱なる「ヤコブ」が勇猛强健なる兄の「エザウ」を巧みに欺きて以て家督の權を握れる一劇の如き。頗る我が北海道の强健なる「アイヌ」乃ち「エザウ」を巧みに隨はしめ居る羸弱なる「ヤコヒ」「シヤモ」に酷く類似せる所がある。

見よ創世記の活文字は刧初の歷史を談つて曰く。

「エザウ」は家督の權を輕んじたり。と

果して然り。北海道の「エザウ」も又家政を輕し錢あれば則ち連日豪飮を事とし家產を蕩盡するも敢て意に介する所がない。且創世記の活文字の「エザウ」は毛深くして獵人なりと云へる如く。北海道の「エザウ」も又毛深くして獵人である。思ふに此「ヤコプ」なる言語は太古世界共通語にて。圖らず我が國に傳はり居たるものであらう。开は我等日常纖弱なるものを指して「ヤコフ」なつたとか「ヤコヒ」やつ。など云へる纖弱なるものを稱する俗語にて。創世記の「ヤコプ」と同じ意味である。而して「エザウ」なる語も又我が國上古より稱し來りし所なるのみでなく。明かに日本紀には「エザウ」は大毛人なりと註してある。

予北海道に到る毎に常に「ヤコヒ」シャモ等が彼の毛深く强健なる獵「人の「エザウ」を欺き以て彼等の家督の權とも云ふ可き北海道領有の權を占有せる所を見る毎に益以て斯感を深める所である。

此他創世記に「カイ」又は「カイナン」と云へる語がある。而して「アイヌ」にも亦此「カイ」「カイナン」と稱することがある。因て思ふに此「カヒ」は前の河伯。娥眉、と同じく何れも太古世界共通語ではあるまいか。又本邦の（アタコ）愛宕は。創世記の所謂「アタム」と同一神名なるべく。此「アタム」のムがモと轉じ。更にモがコと再訛せしものであらう。而して此「アタム」「アタコ」は共に「アタンコ」即ち天狗と音韻を同うするのみでなく。本邦の愛宕神社は總て此天狗サンを祀れるのである。

已に前に一言せる如く。支那の「阿無夷」は「アタム」の少しく轉訛せるものにて。「アタム」のタが落ちて「アム」となり更にイの音が自然に生じて遂に「アムイ」となりしものであらう。「アイヌ」語にも亦是「アム」と云ふ語がある。然るに此「アイヌ」の「アム」は省略語ではなく。立派なるサンスクリットにて。天地若しくは陰陽又は男女と云ふ意を有する由である。處が奇妙なるは「アイヌ」が立派に模様中に此「アム」と云ふ。サンスクリット文字を巧みに應用して居る。之に因て思ふに天狗は「タンクト」の音譯字にて。日本語の「アマイヌ」「アタンゴ」支那の「アムイ」又「カヒ」。北海道の「アイヌ」「タンコタン」等と共に「タンクート」人種中の部落々々の稱呼と爲りしものであらう。

而して此天狗は所謂婆羅門の一派にして。僧正。大仙人など云へるは何れも婆羅門の位階である。予が已に繰返して說けるが如く。北海道のアイヌが支那の仙人と甚だしく似て居て。所謂「タクタ」人種と風俗習慣が同一なるは。大に研究趣味ある問題である。

婆羅門は「バラモン」と稱すれども。其正音は「プラマン」のよしに聞けり。因て思ふに天狗を以て最も有名なる山城國鞍馬山「クラマ」は「プラマ」の少しく轉りたるものであらう。而して此山の奥の天狗がすめる所を。僧正が谷と稱するは。婆羅門の僧正に似て此間何かの消息があるやうに思ふ。此他。

彼の俗に鞍馬山の「トリテンク」と稱することがある。斯は刧初石器を使用せし「トルテックス」人でなからうか。猶一層研究を積て然る後之が説明を試みん。

## 竪穴考（一）

北海道又は千島樺太の各地に散在する所の數多の竪穴は。石器土器等發見のため一の不思議なるものと解釋されて居る。斯は「コロポックル」と云ふ短小なる人類があつて「アイヌ」以前此竪穴に棲息せるものと云ひ。隨て此竪穴に就ては古來の學者は色々な幻象を描て居る。就中松浦武四郎氏が此「コロポックル」を以て古人と斷定せしは萬綠叢中紅一點である。

既に前卷にて一言せし如く。此「コロポックル」は古代の毛深き「アイヌ」であらう。見よ此竪穴は「コロポックル」の外に「トンチンカモキ」或は「チセクル」とも云ひ。土中のものと云ふ意を表して居る。けれど土穴に住居せるものと云ふ意は些とも見えないのてある。故に之を連續して「コロポックルトンチンカモヰ」と稱するときは。蕗冬葉下土穴の神と云ふ意にて。一人の趣味を覺ゆるのてある。蕗冬の生ひたる下の土穴の神とは明かに其死人を表して居る。

然らば此竪穴を研究するには。第一穴の形狀が何等宗教上との關係有無。穴中より發見せし遺物の種類及び配列の摸樣等に就て精細なる調査を遂げざるべからずと思ふ。因て聊か余が多年實見せしものに鑑みて一言を述べん。

予は已にアイヌを以て。天狗徒則ち婆羅門に類せりと假定せり。此竪穴も又何等かの關係あらずやと推測するものてある。

夫れ婆羅門の貴ぶものは水火を以て首位となせり。而して此水火に三昧耶形なるものがある。所謂。△は火の三昧耶形にて。○は水の三昧耶形。□は地の三昧耶形。◐が風てある。然るに今此竪穴の形狀を見るに。宛然此。火大。地大。水大。風大。を表して居る。

余が北海道各地にて實見せし竪穴の種類は明かに。

○、◗、△、□、此四類より出來て居る。 斯中圓形尤も多く。 之に次て四角。 半月と三角は稀に之を見るのみである。

彼の内地古代の五輪塔なるものも又此三昧耶形にて則ち。

△○□

斯如うなる形を表して居る。

竪穴は此五輪塔の如くに重疊せずと雖ども。 其理は同一てある。

然れば上古の人種が如何に此四大を貴びしかを知るべきてある。

大にしては竪穴に之を用ひ。 小にしては方穴圓形の一厘錢に於て之を見る。

夫れ支那にて錢を指して泉と稱するも又此水を意味せるものてあらう。 而して中央の方穴は地を表せしものであつて。 所謂地大にして水大なる眞理を應用せしものてあらう。 或人曰く錢を泉と稱するは。 水の地中を流れて。 廣く流通するに比せしものであると。

然ども余は三昧形の眞理によれるものならんと考ふるものてある。

本邦の寛永錢に。二輪水。三輪波。を用ゆるも。又此意の應用に外ならないと思ふ。

アイヌ模樣にも又此一輪波。二輪波。三輪波。を用ひ。就中尤も巴を貴重するは又此理によれるものであらう。

圓形を以て水となし。方形を地となすにより。彼の方穴圓形の古錢を以て古墳内に供養せしものであらう。

此方穴圓形の珍物は文字有て以來の出來ものかと云ふにそうではない。純然たる石器供養時代に於て已に盛に使用せしものである。

此石器時代の方穴圓形は重もに獸骨を以て造れるものにて。今日の一厘錢より甚だ小さく。左に示す如うなるものである。

(ロ)大實（北海道釧路國釧路町字ヌサマイ竪穴より發見）

右は明年四十四年中。釧路支廳にて或る工事の際に竪穴を發掘せし時。一穴より人骨石斧石礫、土器等と共に同時に發見せしものにて。此方穴圓形數百個ありたり。此方穴圓形に就ては。右の骨製の他に尤も貴重なる發見物がある。开は陸奥國二戸郡福岡町の近村に於て。古墳より發見せし無文古銅錢なりとす。此無文銅錢は右の骨錢より稍大きく寛永一厘錢より少し小なりき。而して之れ又一墳墓内より一時に數百個を得たりと云ふ。竪穴發見のものと對照して一入の趣味を感ずるのである。

夫れ支那及び本邦に於て。所在山川の古墳よりして。古錢を發見することは屢ば實見する所なるが。就中尤も奇怪なるは。陸奥國七戸村に於て警察署新築工事の際に。圖らずも一個の瓶中に支那の古錢と石礫を混入せしものを發見せし如きは嘘言の如くな事實である。

之等の古銅錢は。銅鐵鑄造の術發達後の遺物にて。其使用年代及び埋葬の年限を知ることを得るも。彼の北海道釧路の竪穴より發見せし所の骨製品は。純然たる石器時代の遺品なれば。之等は大に研究を要する問題てあらう。然れは石器時代とても左まて遠き太古にてもあるまい。此方穴圓形を以て果して余の推測の如くに。地大水大を表して墳墓の供養とせしもので。竪穴も又此眞理を應用せしものとすれば。此間石器時代よりして金屬時世に至るまでの徑路を辿りて。限りなき趣味を覺ゆるのである。

夫れ密宗にては。ヰ。即ち水に關しては之を神秘として。其解説を容易に世人に授けざるのみでなく。彼の秘密辭林にまで説明を避けて居る。斯如うな神秘的文字は予も又秘密辭林の眞似を守らんかな。（以下次號）

挿畫は合本に譲る。

## 石器供養の墳墓

邈焉たり伏儀神農。太古の事蹟は研究の緒を發見すること甚だ難し。夫れ金屬の發見以來已に五六千年の久しきに及べり。斯間金屬製品と石製器具の兼用盛なりし時代あり。吾人は今便宜上假りに之を石金併用時代と名命せんと欲するものなり。

夫れ金銕は腐敗し易くして石器の如く長命ならず。然ども石器と金屬器具を同一墳墓より同時に發見することあるは屢實見する所である。幵は別に説明せん只今此石器を發見せし墳墓に就て一言を試みん。

予が研究にては此石器を供養とせし墳墓に五種以上の制あることを發見せり。則ち

第一　石棺を有するもの、（豊前國耶馬溪平田村にて發見）

石棺内に人骨、石斧、礫、土器破片、及び腐敗せし刀劍あり、附近一帯石器土器破片散在例の如し。

第二　炭、塚、（飛彈國吉城郡上寶村新田區發見）

炭の中に人骨、石器時代の曲玉菅玉、石棒、石劍、土器石礫、石斧、數多發見す

第三　積石塚、（陸奥國岩木山麓岩鬼神社前發見）

積石の中より石臼、石棒、石冠、石斧、土偶、等を發見す。

第四　竪穴、横穴、（北海道諸所に散在す）

人骨、石斧、石礫、土器、石器時代曲玉、等發見す。

第五　貝塚、（北海道北見國常呂村二ヶ所發見）

貝殼の中に人骨、石器、土器、刀劍、珠玉、等あり、

（已上五種の人骨石器配列實寫圖は合本に之を載す。

右の中第一の石棺を有するものは。豊前國下毛郡平田村(耶馬溪)西淨寺の所屬なる。サイノ神と云ふ小なる無格神社の神殿を取り除きて。之を田地に變更せし時。此サイノ神の祠の直下に有りしものを圖らず發掘せしものなり。石棺は所謂船形なるものにて此棺内に南を枕として人骨あり。(骨格甚だ長大にて齒の數多し)。

而して頭骨の前に土器の破片三枚(完全のものなし)外に石斧完全なるもの三枚石礁數本配列しあり。祠の附近一帶石器散在せること他の石器散在地と同じ。石器は現に予之を採集して西淨寺に在り。

第二の炭塚は。飛彈國吉城郡上寶村字新田《アラタ》區。上野某の所有地山畑にて。林檎を栽培せんとして苗木を植ゆる際。圖らず發見せしものなり。高原川の沿岸凡そ二反歩餘の畑地にて此炭塚八九ヶ所を發見せり。而して此炭塚は地上より三尺餘下にあり。炭を積み重ねたる厚さは一尺乃至三尺餘にて。炭の廣さは縱横共に六尺以上あり。此炭の中に人骨、石器時代の曲玉、管玉、石礁、石棒、土器、石臼、其他名稱の不明なるもの等數多發見せり。

第三の積石塚は。陸奥國岩木山麓にある岩鬼神社の前にて發見せしものにて。不自然なる小石を積重ねたるものなりき。此積石を取除きたる所が。其中よりして。石臼、石棒、石冠、石䃚、石斧、土偶等を數多發見せり。石冠は飛彈國産の品と頗ろ相似たり。土偶は首胴切斷し居り兩腕なかりき。

第四竪穴、横穴、は竪穴考の部に委しく之を說明せり。就て見る可し。

第五の貝塚は。北見國常呂郡常呂村字　　に於て葛西鐵太郎氏の宅地附近にて發見せしものなり。此附近一帶に貝殼夥しく散在し。石器土器等數多發見せり。其中にて居宅前に一入貝殼の多き處あり。此貝殼を發掘せしに。圖らず人骨刀劍、內耳鍋、球玉、石斧石䃚、其他種々なる遺物を發見せしものである。

上述の如く石器時代の墳墓とも見る可き。遺物發見地は。予自から實地を踏查し且つ石器を採集せし所にて。其採集品の一部は予之を所藏せり。是等に因て考ふるまでもなく。石器、土器、を墳墓の副葬品と爲せし時代ありしことは確實であらう。

此に於てか。吾人は更に虎穴に入りて虎兒を獲んとの研究心を喚發せり。然らば此太古の人民は如何なる方法にて。斯如うな不思議なる遺蹟を貽せしもの乎。吾人の進んで研究せんと欲する處は斯問題である。

今日佛家の窣塔婆に大書する所のものは。地水火風の四大に過ぎない。之れ何の眞理を含めるものぞ。云ふまでもなく一片の空理であるが。此空理が乃ち眞理である。然れば上古の俗死人に副ゆるに。石礁、石斧、石劍、等の兵器を以てするもの。又是一片の眞理に過ぎない。此石器を如何なる儀式によりて之を供養せしか乞ふ。暫く予の説明に服從せよ。

疇昔曾て我之を聞く。太古の人民死を吊するの情甚だ切なり。其葬儀の如き吾人の想像すべき處にあらず。

其葬儀に供せんが爲め。富有者は家每に必ず二三頭の駱駝を畜を倒とせり。若し駱駝を得る能はざるものは。他の動物を以て之に代ゆと云ふ。偖て此動物をは何の役に用ゆるもの乎。

上古酋長の如き有力者の葬儀には。兼て其家に畜ひある處の駱駝をして棺を挽かしめ。豫め設けある所の埋葬場に至りて。右の棺を壙穴に埋め。生前身邊に愛玩なせし遺愛品を副葬なし。瓶及び斧刀劍礁の類を供養として棺內に配列し。（本邦上古の齊瓶、齊斧、齊槌、の如き此類なり）。其上に土を蓋ひ了りて。駱駝をして壙穴の四周を巡回せしめ。其足跡に一々、石礁、石匙、の類を散布するなり。偖て石器を散布し了せて而して後件の駱駝を子駱駝の限前にて祀殺し。其血を以て墳墓の土を染めしむるなり。一度血に浸みたる土は幾十年を經過すとも。血の臭氣を存するによりo 次回埋葬の標識となるものなり。斯くて以前に祀殺せし駱駝の子が生長し子を有する時に至りて。再び葬儀を行ふにあたり。前年の如く此駱駝に棺を挽かしめ設けの齊場に至れば。往年親の祀殺せしめられし處にて。其土の臭氣をかぎ哀泣するによりて。前年何れの地に埋葬せしかを知り。則ち其傍に於て例の如く埋葬するなりと云ふ。

斯は唯其概略に過ぎざるなり。然ども一考に價すと云ふ可きなり。

北海道アイヌの熊祭が何等此儀式と關係あらざるかを考ふ。幵は研究を積で之を說述せん。婆羅門に一種の祀殺なるものあり。比較研究せば大に趣味あらん。古書に曰く

作二馬祀一者。衆生初起稟二於妙氣一。得二妙四大一。則生二常天一若稟二鹿氣一得二鹿四大一。則生二人中一。爲レ求二常天一。故修二馬祀一。取二一白馬一放レ之百日。或曰三年。尋二其足迹一。以布二黄金一用施二一切一。然後取レ馬殺レ之。當二殺レ馬時一唱言。婆藪殺レ汝。馬因二祀殺一亦得二生天一。云々。

熊と馬は家畜と否との差異あるのみ。其生物たるは一なり。百日以上三年の放牧は。アイヌの熊兒を養育すること百日以上三年を期として之を祀殺すると其期日の一致せる點は。最も趣味多き問題である。然ればアイヌの熊祭は此婆羅門の馬祀と同源であらうか。亦墳墓の犧牲の俑を爲せしものであらうか。

上古の事は漠として之を徵す可べき古書に乏し。之れ大に遺憾とする所なり。アイヌ上古の熊祭の儀式は之を知るに術なし。夫れ今日の熊祭の如きは一場の遊戯に過ぎざるなり。

（本章には十餘種の挿畫あり幷は合本に讓る）

# 古代アイヌの星の世界探檢

アイヌの天文に關する智識は固より文明社會とは比較すべからずと雖ども。彼の星の世界交通談の如きは惜かに趣味多き傳說なり。

火星に人類が生息せりとは。近頃に至りて泰西學者の發見する所にして。其所說を聞くに。望天鏡を以て火星を觀測するに大氣が深く圍繞せるを以て。人類が棲息せるならんと云ふ。推測說に過ぎぬ。

然るに「アイヌ」の星の世界談は斯如うな想像にあらず。太古より幾多のアイヌは此星の世界へ徃來せりとて。星の世界の人類の生活狀況を傳へ居れり。西洋學者の推測說より趣味多く。且つ和漢洋の古書中には曾て其類似の說あるを聞かざる所なり。

扨て斯奇怪なる星の世界へ如何なる術あつて往來せしか。第一に吾人の聞かんと欲する所は是なり。

之に就て一アイヌ談して曰く。凡そ星の世界へ到らんと欲せば。豪なるものは飛鳥の如く昇騰し去ると雖ども。弱者は蒼空を仰て咒文を唱し。天より細き繩の如き蛇の降下し來を待て。之れに把持し而して後漸く昇登することを得と云へり。

古來幾多の「アイヌ」が此星の世界へ往來せしが。就中尤も有名なるものは。「シンヌタプカタカモキラレトク」と云ふ。馬鹿に長き姓名の者にて。之に次て「オタスツウクル」と云ふ者あり。此二人者は大神通を得。空中を飛行し或は水底に入り土中に潜み。隱身出沒自在なりき。然るに此二人者が。星の世界に到り如何なる土產談をか齎し來れるかを見よ。

此奇怪なる星世界には廣大なる原野ありて。清烈黃金を湛す如き川流には黃金色の奇魚群をなし。纎々風に櫛る柳は黃金にて造れるかを疑はしめ。鼻々たる杖履の音は鈴聲の如く。其往來せる道路は總て之れ黃金の山なりき。而して馬に似たる鹿の如き黃金にて鑄れる如き燦爛たる珍獸は無心にして人に從ひ來り。其景色は鮮姸として眼を眩するばかりなり。此黃金世界の人類は一齊に均しく其着服に黃金にて日輪と三日月形の美麗なる紋樣を刺繡せるを見たり。而して此人間は容姿端正にして。顔面雪の如く白く。其言語は朗々として金聲の如し。之等の神の食物はある植物の實にて半分は赤くして半分は白し。此實を二箇に割りて鍋に投じ之を煮る時は一層倍加すと云ふ。アイヌ此食物を「カモヰマム」と稱せり。アイヌの予に談じたる所は斯の如く簡にして略なるものなりき。之に就て予思へらくアイヌの所謂星國は彼の上古日本を日の國と云ひ、朝鮮を月の國と稱し。濟州島を星國と云ひし。所謂此濟州島にあらずやと。然るに豈に圖らんや是が眞正なる蒼空而かも西南に現はるゝ所の夜明の星(アイヌ之をニサッサット云ふなりき。アイヌ曰く蒼空を仰げば數限りなく多くの星あるにあらずや。然れどもアイヌの往還なせし處の「ニサッサッ」を措て其他の星には未だ曾て到りしものなく。人類其他の有無の如きは之を聞かず。而して彼の盆の如く大なる「クンネチプカモヰ」即ち月には人類動物は云ふに及ばず。一片の草木もなしと云へり。

## 「アイヌ」の「ユウカル」「ウヱタ」と信濃國上田

「アイヌ」に「ウエタ」と稱する一種悲哀なる「ユウカル」（唄）がある。其大意は。上古或處に「シナヌプ」（極樂國と云ふ意）と云ふ。葡萄やコクワの繁茂せる國があつて。此國に一部の都會を建設し居たるに。ある時不意に背後の山巓から大火を噴き出し。轟々たる響は天地も今や破壞せんかと思はれ。大なる燒石を飛ばし。熱湯の如き燒灰を降らして。山川恰かも暗夜の如く。慘憺たる狀況は怖しなんと云ふばかりなく。瞬間に此都會や又「チクマペッ」と云ふ「シナヌプ」第一の巨川を埋沒せり。其がために幾萬と云ふ人民は救を求むる術もなく。あわれ蒸熱地獄に埋沒して燒死せり。然るに幸か不幸か其中に此天災を免れたる一家族があつた。川は埋まりけれども何しろ未曾有の天變にて見渡す限り慘憺たるありさまにて。山は燒け。草木とては一枝の殘れるものとてはない。眼に觸るゝものは磊々たる火の如き燒石と。踏むだに足の爛るゝ如くなる降灰にて。一片の肉一粒の粟をも得る能はざる悲境に陷りたり。斯くて救を訴ふるものもなければ。いつまでか空腹を凌ぎて居るべきにあらねば。何れか食物を得る土地に徃かうとして父子打連立て旅路に就きたり。かくして父子一家七人のものが。明くる日も又翌る日も一粒の粟だに口にすることを得ずして。焼灰を踏みつゝ徃くほどに。今や空腹に堪へがたく。父が母子に向つて言ふには母子よ斯く一粒の粟だに口にするを得ずして歩行するは。定めて飢渇に迫れるてあらう。我は今此處にて死せん。母子よ余の肉を喰ひて飢を凌ぎ呉れよと。而して死せり。母子七人のものは悲哀の中にも。父の遺言に從ひ。涙を呑で父の肉を食ひて飢を凌げり。因て其所を號けて「ウエタ」(人飢へて人を食ふと云ふ語)(上田)と云ふ。それから又母子相携へて廻り行くほどに。只茫々たる原野のみにて更に人家とてなければ食物を得る術なく再び飢に迫れり。今や餓死に瀕せんとする時。母が五人の子供に言ふやう。我が血を分けたる最愛の兒よ。曩には父の肉にて纔かに露命を全うするを得たるが。今や再び餓死に瀕せり。願くば妾今此處にて死なん五人の兒よ。予の肉を食ひて飢を凌ぎ食物を得べき所に至れよと。言了りて死せり。即ち五人の兒は母の遺言の如く涙を吞て其肉を喫ひ。更に歩行を連けて遂に草木繁茂し。鳥獸群をなせる良土を發見することを得たりと云ふ。如何にも悲哀なる曲である。今此「ユウカル」を一考するに、極樂國なる「シナヌプ」は信濃國と同稱にて「チクマペッ」は即ち今の千曲川。「ウエタ」が今の上田と同稱にて。些との音韻上の轉訛を認めぬ所てある。葡萄やコクワの繁茂せる國は今にても甲斐信濃は名產國てある。

アイヌの此「ユウカル」は太古信濃國の大噴火の大慘狀を聞き傳へて。之を例の「ユウカル」に作りて唄ひ來れるものてあるまいか。

北海道には固より「チクマペッ」なる川はなく。又「シナヌプ」と云へる邦がない。支那朝鮮にも勿論斯如なる國名又は川のあることを聞かぬ。

ホーマの詩によりて地下のポンペー市を發見せし如く。此アイヌの「ユウカル」に因て焉んぞ。切初の天國を發見することを得ざらんや。

## 平親王將門と大江山酒呑童子

相馬小四郎將門が。下總國猿島に於て僞宮を建て。自から平親王と稱して文武百官を備へ。宛然獨立王國を形成せりと云へるは。最も趣味ある傳說てある。

それ當時の國勢を考ふるに。尾張以北は蝦夷と稱し。其風俗習慣は維新前後に於ける北海道アイヌと同じく酋長制度なれば。此將門は恐らく總房一帶の大酋長であつて。其權勢王公の如く十數人の妻妾を待坐せしめ豪華な生活をなし居たるものであらう。

余往年滑川に客遊せし際。所謂僞宮の跡。及び京都に擬して建立せしものと云ふ寺院の遺趾を一見し。又將門愛妾一族の墳墓と稱する百穴を見。且つ其穴より發見せし八稜古鏡を一見せることがある。

此百穴は諸國に於て發見せる所の。所謂橫穴と同型のものにて。彼の陸前國遠田郡トウトウにある蝦夷穴と同稱のやうに考ふ。是に因て思ふ。此橫穴は蝦夷人の墳墓の一にて。天慶以後に至るまでも盛に築造されたものと思はる。

尙將門を平親王と稱するに付て思ひ浮ぶことがある。幵は越中國と飛彈國の國境の深山に。ゴカ。と稱する頗る太古の孤村がある。而して此村の土人を平家の子孫と言ふて居る。又九州肥後國にも同じく。ゴカ。と云ふ山中の部落があつて。之れ又平家の子孫と聞て居る。此他にも加賀國白山の背後にて。頂上から一里餘下絕壁千仭。人馬往來の出來ざる深山の中に言語不通の怪人間が居る。戸數僅かに三戸家族男女十數人のみ。彼等は自から。センケ。と稱して居る。又四國第一の高山石槌山の中腹に。センケ。と云へる部落がある。三四十年前までは天狗サンと云ふて誰も近づかなかつたと云ふことである。

今此等の奇怪なる太古の遺民を總合して一考するに。本會の所謂タンクト乃ち天狗人種と同一の珍人類であらうと思ふのである。ぞれ。センケ。は。ヘイケ。と轉じ易きこと。猶。タンコ。とテンコ。の如く些少なる言語上の訛である。故に肥後のゴカ又は飛彈のゴカはセンケのセがゴと訛りケがカと轉りたるものであるまいか。而して此。センケが更に聞き様にてヘイケと響き。之を早合點して例の平家《ヘイケ》の隱家など丶誤認せしものであらう。

將門の如きも又此センケの一族にてヘイケと轉りて遂に平親王など丶後人が附加せしものであらう。

大江山酒呑童子を以て。將門の實子なりと云へるは頗る愉快なる傳説てある。此酒呑童子の垂髪がアイヌの如くで又酒を嗜むことアイヌと匹敵すと云ふても罪にはなるまい。此酒呑の首は切つても直に元の如くに着けしと云へるは。一場の昔話と思ひの外。今日のアイヌも又た之れと同じやうに顔面或は腕にても接着けることは事實である。

玆に德川時代のことで趣味ある一例を述べやう。世に傳ふる所の天一坊は其實は遠州秋葉山伏の修驗者で。源氏坊天一と稱するものであるが。此者近々秋葉一山の總領となると云ふて。平常上疊に坐して部下に對面なし。宛然將軍の如き權勢を振て居たりしために。遂に世評に上つて世に傳ふる如き怪漢と誤まらるゝに至りしものである。德川時代の山伏すら此の如き貴族的生活をなせしものである。天慶時代の山伏も一派の首領は王公を凌ぐ權勢を有せしものであらう。故に大江山酒呑童子も又此山伏にて一派の首領として勢力のあつたものであらう。其シユテンドウシと云ふは。酒呑童子ではなく。修驗道士を例の滑稽漢が後世に至りて漢字の變更を企て一鬭の小說を作りしものであらう。因て思ふに將門も此山伏にて一派の總領として又酋長として斯如な王族的生活をなせしものであらう。

本邦の山伏は天狗の流を汲めるものである。

## 不思議なるアイヌの卜占實驗談

釧路國桂戀(カツラコヒ)アイヌ部落に一人の年老ひたるメノコが居る。此メノコ不思議なる精神作用を有し。最も卜占に妙にて吉凶禍福は云ふに及ばず一言半話の間に其人の犯し來れる過去の善事惡事等立どころに看破すと云ふ。予厚岸に客遊の際偶此メノコを村内有志が招請して卜占を乞へり。時に或有志が難病にて百方醫藥に心を勞すれども些の効なく。大に沈吟し居る者あり。此メノコに請ひて之を卜せしめたるに。メノコ曰くお前は猫つれて來たの。と云ふ。病者曰く我が家曾て猫を畜はすと。メノコ重ねて曰く。お前は猫を殺いたの。と云ふ。病者曰く。如何にも猫を殺せり幵は今を距ること二十年前。檜山地方に在りし日に。帆立貝の柱を晒し置きしに。偶猫來りて之を食ひ盡したり。因て立服して之を撲殺し。繩で縛して石を着け而して海中に投じたり。とメノコ曰く。其猫の祟りなりと。病者曰く如何すれ可なるか。メノコ曰く。小豆と何々を混じて之を炊き。俵のサンダラの上に盛りて烏《カラス》に與へよ。若し烏が之を食せば全快すべく。食せざれば治し難しと。因て其敎の如く爲せしに。幸にして烏之を食ひしかば。果してメノコの言の如く日ならず全快したり。之を聞き本會々員田村氏が人を介してトを賴みしに。メノコ曰くお前は二人來りしかと。之れ田村氏が人を介して賴みしによれり。重て曰く神さま已に先に歸られたりト占こと能はずと。斯如うに人の心中を看破すること宛かも神の如し。豈に不思議の至りならずや。

アイヌのト占には種々なる方法がある。彼龜トに類するト占術の如きは。人の遍ねく知る所であるが。此メノ二コの觀相術は他人の學び得べからざる特技と考へらる。

彼の自家に坐して居て。近所の川へ遡り來る所の魚類を看破したり。又明日誰某が試しに來ると云ふことを前知することは。所々のアイヌに往々見る所である。

## タンクトと象形文字

語に曰く。蒼頡文字を製し天粟を降らすと。此鬼神を感哭せしめたる蒼頡文字とは如何なる象形のものであらうか。

某曰く此蒼頡は乃ちタンクト人種なりと雖ども。其の所謂鬼神を哭せしめたる文字は。如何なるものであるか之を知らずと。予今古代人種中にて使用せし種々なる儀式に就て之を考ふるに。所謂漢字の象形文字に酷似せるものが數多ある。且つアイヌの祭器及び儀式中に頗る多く之れに類似せるもの有るを認むるのである。

予は固本邦先住土人即ち天孫人種以前の先往民を以て。此タンクト人種であるまいかとの考を有するものである。故に勢ひ古來の記錄に記する所。及び今日に至るまで襲ひ來れる所の或者に就て。此象形文字を製することを企つる所である。

此タンクト人種祭祀を執行するには。神壇を距ること數十步前の地に於て。

根てきにせし根付の樺の木二本を道の左右に植へ。偖て此木と木の間に七五三を張り。以て此七五三以内の地に不淨物の入ることを許さないのである。

然るに本邦古來の祭事が之と酷似して居る。彼の天照大神の岩戸隱の時已に之と同一の神事があり。今日にても尙盛に此例を認むる所である。本邦の祭は只樺の代りに榊を用ゆるの差があるのみである。今本邦神事に用ゆる所の七五三を見るに。

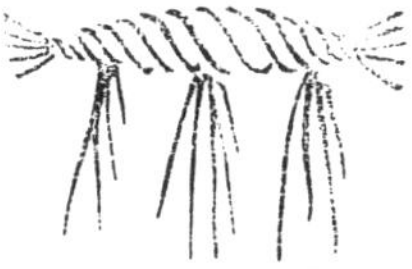

斯如てあつて明かに漢字の示の象形である。且つ此七五三を「シメ」と云ひ。漢字の示を「シメ」と訓むにても知るべきてある。此「シメ」シスと云へるは或る一物を標識として。彼所には斯如うなものがあり。此所には此樣な者が居る。故に猥りに此内に出入してはならないと云ふことを知らしむる意味てあらう。故に七五三を張りて以て此内には斯如なる神があるゆゑ。不淨なものが這入るべからずと云ふ標識てあらう。
今此木と木の間に七五三を張れるものを例の象形にて之を表すれば。
上圖の如くて漢字の禁字其儘てある。

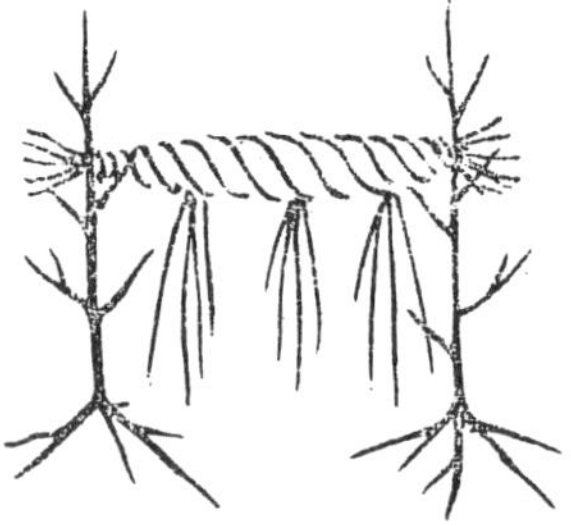

上述の如くに。古來本邦にて執行し來れる所の儀式が。此タンクト人種の儀式と相一致する所あるは頗る研究を要する問題である。

今北海道アイヌ間にも同樣なる習慣があるであらうと研究の効空しからずして。果して之と同種の祭事のあることを發見せり。乞ふ次巻に於て之を説明せん。

## 天狗に魅まるゝ辯（一）

それ油斷すると。不圖人間が消滅し行衛が解らぬやうになることがある。开は天狗が連れて行くのであると云ふが。我が飛彈や隣の越前加賀能登の諸國には殊に尤も甚だしい。予は之に就て兩樣の意見を有て居る。甲は何者かの仕業にて。乙は精神病者の狂言である。斯如うな奇怪らぬことは我邦のみかと云ふに決してそうではない。支那に於ても古來山中に入り仙家に至つて數百年も生長した例が多くある。此仙人とは本邦の天狗と同一人類にて婆羅門の一派なることは。アイヌの支那仙人に酷似し又所謂天狗とも同一なるに徴しても解る。故に支那の仙郷に至れるは。本邦にて天狗社會に至りしと同一であらう。今玆に古來支那の古書に散見する所の所謂仙郷談と。本邦にて天狗社會に至りしと云ふ傳說を比較研究せん。

（續齊諧記）漢明帝永平中。鄰縣有二劉晨阮肇一。入二天台山一採レ藥迷二失道路一。糧盡望二山頭一。有桃。共取食レ之。如レ覺二少健一。下レ山得二澗水一。飲レ之並澡洗。望二見蔓菁葉々從レ山復出一。次有二一杯流出一。中有二胡麻飯屑一。二人相謂曰。去レ人不レ遠。因過レ水行一一里。又度二一山一。出二大溪一。有二二女一顏色絕妙。世末レ有。便喚二劉阮姓名一。如レ有レ舊。喜問郎等來何晚。因邀過レ家。廳館服飾精華。東西有レ床。帳帷設二七寶瓔珞一。非二世所在。左右直悉青衣瑞正。都無二男子一。須臾下二胡麻飯山羊脯一。甚美。又設二甘酒一。有二數十客一。將二三五桃一至來慶二女壻一。各出二樂器一歌調作レ樂。日向レ暮。仙女各還去。劉阮就二所レ邀女家一止宿。行二夫婦之道。留十五日。求レ還女曰。來レ此皆是宿福所レ招。得下與二仙女一交接上。流俗何所レ樂遂住半年。（自カラ以テ半年トナセドモ人間已ニ二百餘年ヲ過グルヲ知ラザルナリ）天氣和適。常如二三月一。百鳥哀鳴。

悲思求レ歸甚切。女曰罪根未レ滅使レ君等如一レ此。更喚二諸仙女一。共作二歌吹一送二劉阮一。從二此山東洞口一去。不レ遠至二大道一。隨二其言一。果得二家鄉一。並無二相識一。鄉里怪異。乃驗得二七代子孫一。傳聞上祖入レ山不レ出。不レ知二何在一。既無二親屬一。棲泊無レ所。却欲レ還二女家一。尋二山路一不レ獲。至二大康八年一。失二二人所在一。（略）

斯如なる傳說は例の支那一流の筆法にて潤色せしものにて。固より信憑するに足らざるも。仙女對人間の結婚が如何に面白く行はれ居たるかを想像すべきである。

本邦の浦島太郎龍宮乙姫の昔話と對照して一入の趣味を覺ゆるのである。龍宮と云へば魚鼈鮫鰐の巢窟なる蒼海の底と聞くが。此劉阮の至れる仙鄉は峨々たる大山の中である。其仙女乙姫と夫婦の道を行ひたる點は同一なると共に。故鄉の情切なるに禁へず。無事に歸ることを得たるも。一は半年と思ひしに已に人間二百餘年を過ぎ居りて七代の子孫に耻を見。一は玉手筐一件の爲め忽然として。童顏皺面と變じ去り。刹那に碧髮變じて純白となりし所が。最も面白く覺ゆるのである。（未完）

# アイヌの演劇

藝名ウチャシクマ

アイヌは天性頗る頓智に富み。時に臨み機に應じて尤も嶄新奇抜の趣向を以て唱采を博せり。山河草木は更なり。天象則ち星に托して作れる童話中。殊に勸善懲惡の意を寓せるもの甚だ多し。

今茲に尤も趣味多き土人の演劇を紹介せん。斯は明治三十九年三月三日の北海旭新聞に現はれたるものなり。其の如何に咄嗟に珍趣向を案出するかを見よ。

東北三縣窮民救助の爲め十勝青年會は。去る二月二十四五兩日。帶廣舊小學校跡に於て。慈善演劇會を催せしが。其第二日目の最終に。伏古村舊土人「ホテネ」事伏根安太郎外數名が。殊に同會の旨趣を賛し。同會の爲め演せし。（ツチャシクマ）の事に就き左に其大略を摘記せん。（ウチャシクマ）とは歷史と云ふ意にして。今より凡そ五六百年前の事とかや。「オタスツ」の酋長に「タンカアニ」と呼べるがあり。身體雄偉。人となり狂暴して部下のアイヌを遇すること甚だ冷酷殘忍を極め。絶えて其休戚を顧みず。己れは居常贅澤に其日を送り。婢妾の如き七八人の多きを畜へ。常に部下に對する生殺與奪の權の。己れが手中に在るを以て。亡若無人の擧動多く。アイヌ等は之を怨むと雖ども亦奈何ともする能はざりし。然るに一年旱魃打續き草木枯死し。魚群來らず。爲めにアイヌは飢渇に迫るとの夥だしく。殆ど將に死に瀕せんとする窮境に陷りし事ありて。村民等は相協議し舊慣により數多の金品を。酋長「タムカアニ」に献じ雨乞ひを托せしに。「タムカアニ」は其金品を受けつゝ雨乞を爲せども更に其功驗なく。斯の如くすること殆ど一年に渉れども一滴の降雨なし。而して「タムカアニ」は其金品を請求すること日に益す甚だしく。之を以て己れは唯だ自家口腹の慾を滿たすの資となせり。さればアイヌは旱魃及びタムカアニの誅求とに責められ。村民の三分は已に死亡し殘餘のアイヌも今は殆ど堪へ難く。何れも其死の來るを待つべく。殊に悲慘なる境遇の中に其年も暮れ。明年となれども依然として雨降ることとなし。是れ畢竟「タムカアニ」が狂暴を天痛く惡み賜ひしによるものなるべし。

偶ま同部下に「ヒリカ」と呼べる極めて赤貧なる考翁ありけり。已も今や將に餓死せんとする所より。天に向ひて「タムカアニ」を罵りかゝる同情なき誠意なきものに。雨乞ひを托すればとて如何ぞ其功績あらんや。眞に雨乞ひをなさんと欲せば老翁蓋し術なきにあらずと。獨語せしが。此事いつしか「タムカアニ」の聞く所となり大に怒り。「ヒリカ」を拉し來り期日を定めて雨乞ひをなさしめ。若し降雨なき時は直ちに之を殺さんとせり。ヒリカ之を知り老翁の死は固より免がれざる所。坐して彼の毒手に斃れんよりは。寧ろ多數民の爲めに雨乞ひの禁厭を爲して死せんのみと。乃ち燧石を携へて山に上り。火を鑚りて火を焚き神に祈らんとす。然れどもヒリカ固より赤貧にして火を移すべき硫黄等を有せず。千慮萬苦の上遂にアカダモの根の腐朽せるを發見して。之に火を移すことを得たり。後世アイヌ之を用ふる如くなりしはヒリカより始まれり。斯くてヒリカは誠心誠意を以て。山の神川の神と天の神とに雨を惠まれんことを祈禱し終て河中に投じて歿せり。然るに不思議にも死後一週間目に。一天俄かに油然として雲起り沛然として大雨滂沱たりしかば。爲めに村民は僅かに蘇息することを得たり。さて當時まではアイヌの間絶えて佛を祭ると云ふことなかりしが。村民等はヒリカが恵を徳とし。其死を悲しみ肉體のヒリカは縱令死するとも。其靈魂は尙ほ死せず宇宙間にありて我々を呵護なし呉るべしとて。始めて之を祭れり。爾後今日に至るまでアイヌ間死者の靈魂を祭る風ある必竟是より始まれり。之を「シヌンラッパ」と云ふといふ。尙ほ其當時までは雨に風に總て氣候の不順等に關し。祈禱の法はありしも。禁厭の法はなかりしかども。ヒリカが此事ありしより以來其法始まり。ヒリカの名を冠して之を「ヒリカウステ」と名ぜり。

ウチャヤマークマの大意は斯の如し。今や聖明上にいまし絶えてタムカアニの如き事なしと雖ども。三縣窮民の慘苦は其昔オタスツアイヌの如けんかを思ひ。其句を演じて慈善に富めること古のヒリカに讓らざる看客諸君の觀覽に供せんとの意なりき。

尙同夜「タムカアニ」に扮せしは。「イサカンテ」にして其婢妾となりし者は。「ニヤンキレコ」。「イハウバツクテ」。「オポロ」の三人。「ヒリカ」の役を勸めしは「ホテネ」事乃ち伏根安太郎にして。始終之が說明をなせしは廣野市太郎なり。一讀覺えず寓意の存する所を諒せしむ。見よ如何に彼等アイヌが火の神を尊信するかを。山上にて火を燃き山川の神を祭るは是れ婆羅門の遺習なり。然り而して祈禱禁厭は所謂四吠陀論中。享祭祈禱。禁呪。是なり。アイヌは一言一話の中平常にても必ず火の神の尊ふべきことを說けり。其タプカル。ユウカル。の如きは。十中八九は火の神を祭る寓意の唄てある。

## 釧路國當路《タウロ》村のアイヌ

厚岸郵便局員長谷川氏は。明治八年官命を奉じて。父と共に釧路國當路村に至り。爾後アイヌ戸長を勤むること二十餘年の久しきに及べり。當初シャモにて當路に入りたるものは。氏一家にて三人目の由。最初アイヌのみの別天地とて。言語通せず頗る困難なりしよし。今氏の在職中見聞せし實歷談中尤も趣味多き一節を紹介す。

當路アイヌの家屋は何れも草葺にて土間に莚を敷き其中央に爐を設け。一方に小なる窓を有すること他の部落と同じ。日々の常食は五穀野菜は勿論之れなし。ペカンペ(沼菱)に鮭の卵を入れて之れを鍋にて十分磨り合せ。之に鱈の油を混じて食せり。酒は内地酒の未だ入り込まぬ時分には。或木の實を以て造りたるも其釀造法は聞を得ざりき。言語は極めて清朗にて濁音がなく日本語を能く知り居たり。衣服は木皮の纖緯又はをひやうの皮を紡績して布を織り。之にて厚司を製し内地の白紅等の木綿を切り種々なる紋樣を作りて。巧みに刺繡を施すこと他部落と同一である。

此當路の婦人の子を產むときは。他人は勿論亭主をも近づくことを禁じて。必ず屋外に出て雪の中に輪のやうに丸く屈みて產をなすのである。そして產後一周日の間は食事を爲さず。孩兒を抱きしまゝ雪の中に丸く屈で居て。一周日を經て始めて起き出て產兒を冷水にて洗ふのである。此雪中に孩兒を抱きて屈み居る間は一切言語を禁じて居る。

若し知らぬものが棒で突ても答を爲ないと云ふ。每年冬期には熊狩を催すが先づ五六人一隊となつて。弓矢を携る外一粒の粟をも携へず。山又山と狩り巡りて熊を獲ない間は。幾日ても食事を爲さず。熊を捕ゆれば其肉を生にて喰ひ皮のみを携ゆるのである。そして山中て大降雪に逢ふ時は。宛かも禪僧入定のやうに。兩手を組みて丹田にをき。雪中に端坐して默然半語を交ゆることなく。坐ながら其儘雪中に睡眠するのである。斯して雪が次第に降り頻りて。一夜に五六尺も積りて。アイヌを埋めて了ふとも些つとも動くことを爲ない。するとアイヌの呼吸のために口頭より一線の小さき穴が出來て此穴から呼吸をするのてある。雪が降り止めば此穴が明るくなりて霽れたことが分かる。すると又起出て再び山又山を狩り巡ぐるのてある。熊を獲捕するには多く毒矢を用ゆるも。時々空手格鬪して之を倒すことがある。もしその毒箭をもちゆる期會がなくて突然山中にて熊に出會ふ時は。先づ兩手をひろげて熊に向ひヤッと云ふて揄揶ふ。すると熊が怒を發して兩拳を堅く握り締め宛かも人間の如くに直立す。其直立して兩拳を握り締むる一刹那電光一閃。熊の腹中に飛び込み要意のマキリ(小刀)を以て熊の咽喉より腹へかけ一突に切斷して之を倒すのである。其早業人間をして驚愕せしむと云ふ。

或年のことであるが例の如く五六人隊をなして雪中熊狩を催せり。所が先頭のアイヌが油斷して山中を通りかゝりしに傍の大木の影より一匹の巨熊が飛び出して。アイヌの右腕を咬碎きたりしに。不意に驚きて倒るゝ處を飛びかゝり目から右頬にかけて頭蓋骨の半分を剝ぎ取りけるを見て。伴のアイヌ大に怒り此熊を擊殺して。其剝ぎ取られたる頭蓋肉を取つて。之れを剝がれて倒れ居る所のアイヌの顏に接着し其上を樺の皮を以て繃帶を爲し。又右腕をも右と同じ手術を施して。之を擔ぎ歸りて靜養せり。然る所が纔かに一宿を經て自から杯を擧げて盛に酒を飮み居たる元氣には喫驚せり。

大江山酒吞童子は其首を切ても直に接着出來し如うに聞くが。斯は滿更拵へた昔噺とのみも云へぬ。北海道のアイヌは往々斯如うなことがある。

北見國常呂村にも此トウロのアイヌと同樣熊のために顏半面を剝がれたものが居るが斯アイヌは顏面の肉を熊に持去られし爲め接着出來ず今現に半顏にて生存し居れり。

# アイヌの議論

アイヌの記臆に強きことは今更云々するに及ばぬが。ユウカル。タプカラ。等は幾十章となく一言半句も違へずに朗々と唄ふ。又時に議論を闘すことがあつて。若し此議論に勝を得ば一家の寳物を獲ることができる。シヤモにて此議論に勝ち數多の財寳を貰ひ受けたるものが居る。

予が日高國下下方町に滯在中偶一人のアイヌが來りて。アイヌ語を以て此議論をなせり

其大意は

クコンニシパ。テヱータカネ。フレコカネヱカシヲカー。ヲマイタツカラ。ウタアークレター。チコシレパー。タネネツキ。カネアナク。ウニイキシアチノー。ヱーケウムカ。イコヨナラー。アキヤヤツネー。ヱツケントムカー。ヱラヤクニー。ウネワクシコー。ウラツチタラ。クヱアレケ。(略之)

此議論の意は。祖充からの事を子孫の代に到りて。之を解決すと云ふ意であ

ると。

# 千島擇捉島土人風習　（一）

前擇捉島紗那支廳員　田村忠明氏寄（會員）

千島擇捉島に於ける舊土人の古來襲踏し來りし風習を調査するに。概ね左の如し而して今便宜の爲め項を分け之を序列せん。

△　一　婚姻　家族　相續

△一夫多妻。酋長は貧富の度に應じて妻及び妾數人を置く。正妻は常に夫の家に住し。妾は別居して各其生業を營む。然れども夫家有事の際は。妻妾相和して其事に當り毫も嫉妬の色を現はさず。途中偶々相遇ふときは。握手の禮を施し其親むこと骨肉の如きなりしが。爾來時世の進歩に從ひ。酋長の稱廢せらるゝと共に一夫一婦の制となれり。

△一夫一婦。平土人は從來より一夫一婦にして。夫婦の情頗る濃にて。妻たるものは貞淑にして。常に漁獵樵百般の事業好んで其務に服し。夫を扶養する

を以て婦人唯一の名譽となせり。
△結婚年齡。男は二十三四歳。女は二十歳前後に至り。系統の親族より娶るを例とせり。蓋し系統の絶滅せんことを憂ふるに在るものゝ如し。
△家族。家庭。族制。常に一家團欒し居るも。長子先づ娶らんとすれば。之が爲めに居宅を新築して生計を異にす。二子三子各之に倣ふ。
△家長權。一般普通の戸主と同一なり。
△相續權。之又長男にあり。然ども父死去の後に於て嗣ぐの例なるが如し。

△　二　住居

平常住居する家屋の建築法は。先づ土を穿ちて柱を立て長方形に構へ。屋根は三角形となし。屋根及び四壁は草を以て之を蔽ひ。木又は竹を以て結束す。所謂堀立小屋なり。入口は長廊下的に一條の道を設く。是又草を以て掩ひ風雪の侵入を防ぐに便す。而して屋上三角形の入口に面したる斷面の一方に窓を設け排烟に便する外。光線を導き兼て空氣流通の用に供せり。而して爐は家の土間に接したる處に設け他の一方を缺けり。居室寢室を區別し。土上に板を双べ

若くは枯草を敷きて其上にキナ莚を敷けり。（以下次卷）

## 日高國平取村アイヌ風俗の一斑

日高國平取村はアイヌ種族創業の地と稱せられ。彼等の祖先とも云ふ偉人「ヤイオイナクル」と云へるものが此處に住居せりと云ふ。斯く古るき歷史を有する平取が現今如何なる風俗習慣を有せるか。茲に聞がまに〳〵其一斑を記述せん太古の平取は知らず。現今アイヌの家屋は住宅と倉庫の二棟を有するが例なり。而して平取市街及び其附近の村落に至らば。大概板屋に床を設け硝子窓を用ひ居れりと雖も。山間の部落は猶昔時の如く依然矮小なる萱葺小屋に住居せり。此山中未開部落の住宅は土間に葭簾を敷きて。其上にて飮食及び走臥せり。家屋の構速は所謂堀立小屋にて。先づ土を堀て柱を立て。然る後屋根を地上にて組立之を件の柱の上にのせ其上を萱にて葺くのである。木と木を組み合するには。木の纎緯又は葡萄蔓を以て結び合せ。曾て釘を用ゆることなし。（以下次卷）

# 誌外雜錄

## 本誌第一卷各地新聞紙の批評

東京朝日新聞　アイヌの風俗習慣ガタンクト人種と同一て又彼等の祖先セッタは佛教にて所說の光音天刹帝利と符合することと其他西洋にて說く所の世界創造者チエペラ神が太陽の子なりと云へると同じくアイヌのチエプ即ち太陽祖先說とも一致することを委しく考設せり。

東京中外商業新報　アイヌが天狗に酷似したる諸點を臚列したる者にて。所謂天狗(タンクート)は世界刧初の人類にして妖怪變化にあらず。今其俤を蝦夷のアイヌに認むることを得となせり。なか〳〵に趣味ある研究なり。

報知新聞　アイヌとタンクト人種即天狗と甚だしく類似して居ると云ふて。其に就て研究せる自說である。

北海タイムス　アイヌを天狗と見たる動機。天狗とアイヌ類似の點。アイヌのセッタ祖先說。コロボックル說。・地名上より見たる天狗の事蹟。アイヌと仙人同一の點。太古世界共通の神符。北海通には何故道祖神なきか。義經辨慶とアイヌ。天狗に關する古人の說。等の各章何れも著者一流の見識を見るべし。

以下略之

## 樋口銅牛氏の書翰

天狗の研究面白く拜見仕候今少し貴下に國語の智識あらしめてほしく候(中略)タンクトを以て上古民族と斷定する貴下の御意見には大賛成に候漢字を始めて製せりといふ蒼頡の如きも恐らくタンクトの音譯字なるべし(中略)蒼頡四目若しくは蒼頡文字を製したるため鬼夜々哭し天粟を降らせりと云ふ傳說の如き惜にそのタンクトなることを證明せるものと存候　貴下の事業の大成を祈る　敬具

四月二日

樋口勇夫

佐々木船山樣

座右

大正二年二月十七日印刷
大正二年二月二十日發行



蝦夷天狗研究卷二奥附

天狗研究會員外ニハ
正價金三十錢

東京市日本橋區箔屋町十四番地丸山舍方
著作兼發行者　佐々木船山

東京市日本橋區箔屋町十四番地
印刷者　竹澤章

東京市日本橋區箔屋町十五番地
印刷所　丸山舍印刷部

東京市日本橋區箔屋町十四番地
賣捌所　丸山舍書籍部
電話本局二〇八五番
振替口座（東京）五八九二番

# 會　告

北海道土人アイヌは世界最古の人類乃ち婆羅門(支那の仙人日本の天狗)に酷似せるのみならず。劫初の習慣を傳承し居れるを確信する者なり。因て斯會を設け以て其係の萬分の一をも研究せんと欲する所なり。篤志の士希くば加勢あらんことを懇望す。

## 會　規

一本會は蝦夷人種を研究するを以て本旨と爲す。

一本會は五年若しくは十年間を以て研究期間と爲し。毎年一次研究の次第を印刷物となして會員に配付す。

一本會會員は特別賛助員、普通會員の二種とす。特別賛助員は毎年金三圓宛義捐をなし又學術上の後援を與ふるものとす。普通會員は入會の際入會金一圓を義捐し。爾後毎年金一圓宛を義捐するものとす。(但本會々員には質問に應じて解答す。)

一本會は會務探撿乃至編集一切創立者に於て之を處理す。

# 解題

武田崇元

本書は、明治四十五年三月刊の『蝦夷天狗考』および、大正二年二月刊の『蝦夷天狗研究　第二巻』を復刻合冊したものである。それぞれ表紙には「天狗徒研究会発行」とあるが、奥付には「著作兼発行者　佐々木船山」とある。

また後者は「蝦夷天狗研究　第二巻」とあるが、同題の第一巻が別に発行された形跡はなく、「蝦夷天狗考」を第一巻とし、ほぼ一年後に改題のうえ第二巻が刊行されたものと推定される。巻末の天狗徒研究会「会規」に「本会は五年、若しくは十年間を以て研究期間となし、毎年一次研究の次第を印刷物となして会員に配布す」とあるが、第三巻以降が刊行された形跡はなく、天狗徒研究会が実態としてどの程度のものであったのかは不明である。

本書は、古来天狗と称するものは「タクタ」「タコタ」「タンクート」などと称する「修験者の一派」であり、みずから「タンコタンアイヌ」と称するアイヌこそはその末裔であると説く。

周知のごとく、天狗＝アイヌ説は佐々木が最初ではない。明治四十二年、柳田國男は雑誌『珍世界』

に「天狗の話」を発表、「深山には神武東征の以前から住んでいた蛮民」が今も棲息すると説き、それが天狗の正体であると論じた。その背景には、同年に『後狩詞記』を上梓するきっかけとなった宮崎県椎葉村での見聞が前年あったとされる。柳田は、山間の孤立した集落に残る焼畑や狩りの伝承と習俗を、平地では廃れた古代の狩猟文化の残存ととらえたのである。いわゆる「山人」の発見である。この柳田の問題意識は明治四十五年の『遠野物語』へと帰結する。

本書はこのように、日本民俗学が山人論を軸に呱々の声をあげつつあるまさにその時期に書かれたのである。しかし、柳田の山人論が植民地台湾における生蕃問題を背景としたアナロジーを免れえなかったのに対し、佐々木は「アイヌを観察するには両様の方法がある」とする。すなわち「野蛮未開の半獣的人類として研究」する方法と、「人類の原始なる半神的人類として之を研究する」方法である。「野蛮人と見て研究せば、見るもの、聞ことが皆一々野蛮的である」が、「天狗徒と仮定して研究」すれば「見るもの聞くことが、総て娑婆を離れた仙人とか仏のように思はるる」のである。そこでは、観察者の視点とフィルターそのものを相対化する、すぐれて現代的な問題意識が語られていることがまず注目される。

では天狗徒族とは何か？　それは「人跡未到の国土を開闢するを以て自己の本務となす」「地球の創造者とも云ふ名誉ある人類」（「蝦夷天狗考」一五頁）であり、著者はアイヌの刺繍モチーフのなかに、太古世界に共通する卍などの神聖符号の残存を見い出す（「蝦夷天狗考」三四頁以下）のである。アイヌを「天狗徒と仮定して研究」する著者は、アイヌが「種々の魔法を行う」存在であることを強調する。それは、日高国静内郡下々方村の「ラカン」と称する乱暴者のアイヌの不思議な行跡を伝える「頃は明治三十五年」の実話であり、アイヌの婦人が草履も穿かず灯火もなく山中の隘路を往来する謎（「蝦夷天狗考」五〜八頁）であり、アイヌの老人が長距離を移動するにあたって通常の里道を使用せず道なき深山乱谷を目的地まで一直線に移動する「変哲な」情報（「蝦夷天狗考」一六頁）であり、釧路国桂恋集落の占卜術をなす老嫗の話（「蝦夷天狗研究」三〇頁）であり、妊婦の雪中出産や熊狩りの事故で剥ぎ取られた頭蓋骨の半分を難なく癒着蘇生した男の話をふくむ釧路当路村のアイヌに関する異様な聞き書きである（「蝦夷天狗研究」四一頁以下）。これらは、アイヌを「野蛮未開の半獣的人類として研究」するアイヌ史研究の主流からは欠落した情報であり、そこに本書の面目があるといえよう。

著者佐々木船山の来歴は不明であるが、密教・修験系の呪術によく通じた人のようで、「本邦古代の山伏巫女が専ら執行」し、中世に途絶したのちも、春日神社の巫女が維新頃まで極秘に行っていた「土偶首切の呪法」について伏字を混じえながらもきわめて詳細に紹介していることは注目される。著者はその呪法が、『釈迦伝』に記された儀伯無間の二道士による摩耶夫人に対する咒詛法と酷似することを指摘し（「蝦夷天狗考」一八頁）、天狗徒族のルーツが「釈迦以前のインド仙人」「婆羅門の一派」であることを示唆する。佐々木のいう「タンクート」と、歴史的に確認されているチベット系民族としてのタングート（Tangut）との関係は本書を読むかぎりでは明らかではないが、あるいは「釈迦以前のインド仙人」「婆羅門の一派」をチベット系と見なしていたのだろうか。

また佐々木は、『旧約聖書』創世記のイサクとエソウの物語に注目し、イサクによる家督権の奪取を、和人がアイヌを欺きその家督ともいうべき「北海道領有の権を占有」した経緯と比較し、そこに文明史的な問題を読み取ろうとしていることも注目される（「蝦夷天狗研究」七頁）。

本書の存在はアイヌ研究史の上ではまったく忘却されている。入手が困難なことに加え、表層的な揺らぎや論理の飛躍、未整合のため、奇を衒った珍説の類と片付けられてきたのであろう。だが、本書は通有のアイヌ研究から欠落したきわめて興味深いいくつかの視点を提供するものであり、その再評価が待たれる次第である。

蝦夷天狗考／蝦夷天狗研究

定価　三八〇〇円+税

明治四十五年三月二十八日　初版発行
平成二十年二月　七　日　復刻版発行

著者　佐々木船山

発行　八幡書店
東京都品川区上大崎二―十三―三十五
ニューフジビル二階
電話　〇三（三四四二）八一二九
振替　〇〇一八〇―一―九五一七四